DROIT ET PRATIQUE DES TRAITÉS INTERNATIONAUX

El-Abibalaye DIAKITÉ

DROIT ET PRATIQUE DES TRAITÉS INTERNATIONAUX

Préface du Dr Abdoul SOGODOGO
Maitre de Conférences en Sciences Politiques

L'Harmattan
Mali

Du même auteur :

La CEDEAO et l'intégration en Afrique de l'Ouest : état des lieux, défis et perspectives, Éditions Universitaires Européennes (EUE), 2022.

Harmattan Mali / Tropique Editions
ACI2000 Bamako - Immeuble Jean-Marie CISSE
Bureau 10
Tél.: +223 76 43 00 66 /+223 66 89 33 72
www.harmattanmali.com
Couverture et mise en page : Coco Joyce

L'Harmattan 2024
5-7, rue de l'École-Polytechnique ; 75005 Paris
http://www.librairieharmattan.com

ISBN : 978-2-336-43923-5
EAN : 9782336439235

DEDICACE

Je dédie cet ouvrage à la mémoire de Feu Dr. Ibrahim Bocar BA, ancien Ambassadeur du Mali et ancien Conseiller spécial du Président de la République, qui a encadré mon mémoire de fin de formation à l'Ecole Nationale d'Administration du Mali.

Cet encadrement de haute facture aura éveillé en moi une passion pour la recherche et l'écriture.

Les pétales de l'amitié qui s'était nouée entre nous ne faneront point car « Ceux qui sont morts ne sont jamais partis :
Ils sont dans l'ombre qui s'éclaire
Et dans l'ombre qui s'épaissit.
Les morts ne sont pas sous la terre :
Ils sont dans l'arbre qui frémit,
Ils sont dans le bois qui gémit,
Ils sont dans l'eau qui coule,
Ils sont dans l'eau qui dort,
Ils sont dans la case, ils sont dans la foule :
Les morts ne sont pas morts », disait le poète Birago DIOP.

PREFACE

C'est avec un grand plaisir que j'ai accepté d'écrire la préface de cet ouvrage sur le « Droit et pratique des traités et accords internationaux » rédigé par mon estimé collègue El-Abibalaye DIAKITÉ avec qui nous partageons un intérêt commun pour le Droit et les Relations internationales.

Dans un monde de plus en plus interconnecté, la compréhension et la maîtrise du droit des traités et des accords internationaux revêtent une importance capitale et, mieux encore dans le contexte récent de reconfiguration des rapports de domination entre les puissances souveraines.

Cet ouvrage se présente comme un guide indispensable pour les étudiants, les praticiens du droit international (Diplomates) et tous ceux qui s'intéressent aux enjeux juridiques internationaux. Monsieur DIAKITÉ a consacré de nombreuses années à l'étude et à la pratique du droit international en tant que Diplomate, et son expertise transparaît dans chaque page de ce livre.

À travers une approche pédagogique claire, rigoureuse et accessible, il explore les principes fondamentaux du droit des traités, tout en examinant les défis pratiques auxquels les États sont confrontés lors de la négociation, de la conclusion et de l'application de ces instruments juridiques. L'ouvrage aborde de manière complète et approfondie les différents aspects des traités internationaux, tels que la formation des traités, l'interprétation des clauses, les obligations des parties, la résolution des litiges et bien d'autres encore.

En s'appuyant sur des exemples concrets et des cas réels, l’auteur illustre brillamment comment le droit international malgré les nombreuses critiques continue de réguler la vie internationale.

Ce livre se distingue également par sa dimension pratique, offrant des conseils précieux pour la négociation et la rédaction des traités, ainsi que des astuces pour résoudre les éventuels différends qui peuvent surgir entre les parties. Mieux encore, il fournit une analyse éclairée des instruments juridiques internationaux les plus pertinents, tels que la Convention de Vienne de 1969 sur le droit des traités, tout en tenant compte des développements récents et des évolutions contemporaines du droit international.

Je suis convaincu que cet ouvrage est une ressource inestimable pour tous ceux qui cherchent à approfondir leurs connaissances du droit des traités et des accords internationaux. Que vous soyez un étudiant en droit international, relations internationales, un avocat ou un universitaire, ce livre vous guidera avec clarté à travers les subtilités de ce domaine complexe et dynamique.

Je tiens à féliciter chaleureusement mon cher camarade de passion pour son travail remarquable, sa passion pour le droit international et sa contribution précieuse à la littérature des études internationales. Enfin, je vous invite à plonger dans les pages captivantes de cet ouvrage.

Dr Abdoul SOGODOGO
Maitre de Conférences en Sciences Politiques
Vice-Doyen de la Faculté des Sciences
Administratives et Politiques (FSAP)

AVANT-PROPOS

L'ouvrage que vous tenez entre vos mains se veut une réponse aux interrogations qui nous sont fréquemment adressées, en lien avec le droit des traités internationaux.

Pierre angulaire des relations interétatiques, le droit des traités internationaux est paradoxalement survolé dans les cursus universitaires au Mali.

C'est une lapalissade d'affirmer que les étudiants en droit, en relations internationales, en sciences politiques, administratives et économiques doivent être préparés aux exigences juridiques de la vie internationale.

La plupart des ouvrages de droit international public consacrent quelques pages aux traités internationaux. Cependant, un ouvrage spécifique alliant théorie et pratique n'est, de notre point de vue, pas superfétatoire.

Notre dessein, en tant que praticien, est de contribuer à une meilleure compréhension de cette importante matière.

L'objet du présent ouvrage est de fournir aux lecteurs un outil de travail résumant l'essentiel des connaissances sur le sujet et mettant en exergue les aspects pratiques de la conclusion, de la gestion et de la mise en œuvre des traités internationaux en République du Mali.

On peut en déduire qu'il s'adresse aux diplomates, aux magistrats, aux responsables politiques, aux étudiants et aux agents chargés de la coopération dans les différents segments de l'administration publique.

Je voudrais exprimer ma gratitude à Messieurs Diambéré SYLLA et Mahamadou DRAME, tous deux Conseillers des Affaires étrangères, qui, à notre demande, ont lu le manuscrit et formulé de pertinentes observations. Nous adressons nos remerciements au Docteur Zeini MOULAYE, ancien Ministre des Affaires étrangères et de la Coopération internationale, pour le temps qu'il a bien voulu consacrer à la lecture du manuscrit et surtout pour ses conseils avisés.

Enfin, nous remercions l'éminent Maitre de conférences Abdoul SOGODOGO qui nous a fait l'honneur de préfacer cet ouvrage et ce, de manière remarquable et élogieuse.

Nous ne pouvons qu'être fier de cette préface d'autant plus que son auteur est une figure emblématique du monde universitaire et une sommité du droit international.

INTRODUCTION

« On serait tenté de dire que les traités ont toujours existé ! Leur apparition est en tout cas historiquement liée à celle des communautés politiques organisées, amenées par la force des choses à entrer en contact les uns avec les autres.», affirmait Pierre Marie DUPUY.[1]

Partant de la maxime *ubi societas ibi jus* (partout où il y a une société humaine, il y a du droit), on ne peut que souscrire à ce postulat. En effet, si les collectivités humaines (tribus, clans, royaumes…) étaient régies par des règles, il est évident que les rapports entre ces collectivités étaient également soumis à des conventions.

En 1975, il a été découvert un traité qui remonte à environ 2.500 ans avant Jésus-Christ, conclu entre le royaume d'Ebla (Syrie du Nord) et celui d'Abousal (Euprate central).[2]

En outre, il a été mis au jour le traité perle (vers 1290 av. J-C) conclu entre Ramsès II et le roi des Hittites. Celui-ci, présentait déjà toutes les caractéristiques du traité contemporain : fondé sur la règle du *pacta sunt servanda*[3], il posait les règles d'une alliance et d'une coopération réciproque en matière d'extradition des réfugiés politiques.[4]

Le postulat sus évoqué induit l'existence d'une société internationale à l'instar des sociétés nationales. De même que les individus sont soumis à la règle de droit, les

---

1 . P. M. DUPUY, Droit international public, Paris, Dalloz, 2000, p. 243.
2. Ibidem.
3. Les parties contractantes sont tenues de respecter leurs engagements.
4. G. AGNIEL, Droit des relations internationales, Paris, Hachette, Les Fondamentaux, 1997, p. 14.

relations entre les sujets internationaux[5] sont juridiquement encadrées. Le droit international public comprend l'ensemble des règles qui régissent les relations entre les Etats, leurs rapports avec les organisations internationales ainsi que ceux qu'entretiennent les organisations internationales entre elles.

Il existe donc un ordre juridique international qui se distingue de l'ordre juridique interne.

Cette différence est le corollaire de la souveraineté des Etats, laquelle fait du droit international non pas un droit de subordination, mais de coordination en ce sens que les Etats sont à la fois les auteurs et les destinataires des normes internationales.

En effet, les traités constituent l'expression de la volonté des Etats ou des Organisations internationales qui sont dotées du *jus tractus*, c'est-à-dire la faculté de conclure des traités.

Bien qu'occupant une place prépondérante, les traités sont loin d'être les seules sources du droit international.

Suivant l'énumération de l'Article 38 du Statut de la Cour Internationale de Justice, les principes généraux, la doctrine et la coutume internationale sont également des sources du droit international.

Il est à noter que cette énumération n'est pas exhaustive dans la mesure où elle ne mentionne pas les actes unilatéraux des États, qui sont considérés aujourd'hui comme des sources de droit.

Aussi convient-il d'indiquer que les sources sus énumérées ne sont pas hiérarchisées entre elles.

---

5. Les sujets internationaux sont les Etats et les Organisations internationales.

En d'autres termes, il n'existe pas de « pyramide des sources du droit international » à l'image de la pyramide de Hans KELSEN.[6]

Toutefois, les normes internationales sont subordonnées les unes aux autres en vertu du principe ***specialia generalibus derogant***, qui signifie que les règles spéciales prévalent sur les règles générales. De même, les règles nouvelles priment sur les règles anciennes.

Sans être péremptoire, nous sommes tentés d'affirmer que les traités constituent le moyen le plus sûr par lequel les Etats établissent des relations durables.

Par le biais des traités, les États acquièrent des avantages, préservent leurs intérêts, font la paix et développent leurs relations économiques, politiques et culturelles.

La règlementation de la conclusion des traités n'est apparue qu'avec l'instauration des régimes démocratiques républicains qui retirèrent au monarque la prérogative exclusive de conclure les traités, comme le notait PALLIERI.[7]

La conclusion des traités est ainsi devenue une compétence partagée entre l'Exécutif et le Législatif. Toutefois, certaines catégories de traités échappent au contrôle législatif.

Force est de reconnaitre que l'Exécutif, dans la plupart des pays, a une prééminence en matière de conclusion des traités internationaux.

C'est dans ce sens que Yves NIDEGGER, homme politique suisse, déclarait que « les traités internationaux

---

6. Juriste américain, tenant de l'école juridique normativiste.
7. G.B. PALLIERI, «La formation des traités En pratique internationale contemporaine», (1949) 1 R.C.A.D.I., pp. 465-545 et 470.

sont des actes normatifs qui sont préparés par les administrations, donc l'exécutif, avant d'être négociés par des diplomates, toujours l'exécutif, puis signés par les gouvernements, encore les exécutifs. Le rôle du parlement se limite à ratifier ou à refuser la ratification d'un texte [...] Quant au peuple, il ne peut s'exprimer qu'à la condition qu'un référendum ait pu être lancé contre la ratification du parlement [...] ».[8]

Par ailleurs, les organes compétents pour conclure les traités ainsi que les règles d'introduction des normes conventionnelles dans l'ordre juridique interne sont définis par la Constitution.

Au plan international, sous l'impulsion de la Commission du droit international des Nations Unies, un traité règlementant la conclusion des traités a été conclu le 23 mai 1969, à Vienne (Autriche).

La Convention de Vienne sur le droit des traités de 1969, autrement appelée « traité des traités » a codifié l'ensemble des règles coutumières qui jadis gouvernaient la conclusion des traités. Le droit des traités, au sens large, est un ensemble de normes conventionnelles, de dispositions constitutionnelles, légales et réglementaires.

Nous verrons plus en détails ces règles de fond, de forme et de procédure, mais surtout les pratiques s'y rapportant.

---

8. « la démocratie en Suisse à l'épreuve du droit international », Yves NIDEGGER, MagASIN, n° 1, 2012, p. 3.

CHAPITRE I

GENERALITES

En guise d'entrée en matière, il nous semble utile d'étudier les notions d'ordre général en vue de mieux appréhender le droit des traités internationaux.

Ainsi, nous passerons en revue les différentes terminologies utilisées, les éléments de définition ainsi que la classification des traités internationaux (Section 1) avant d'évoquer les différentes parties d'un traité international (Section 2).

Les alternats des traités bilatéraux (Section 3) et le dépositaire d'un traité multilatéral (Section 4) seront successivement examinés.

Section 1 : Terminologies, définition et classification des traités internationaux

1. Terminologies :

Notons tout d'abord qu'un traité peut porter plusieurs dénominations. La terminologie choisie ne détermine pas le caractère contraignant d'un accord.
S'il n'existe pas de terminologies propres aux différentes catégories de traités, certains usages se sont tout de même fixés au fil des ans. Ainsi, la pratique retient les terminologies ci-après :

Dans le cadre multilatéral :

Charte désigne le traité constitutif d'une Organisation internationale. Par exemple, la Charte des Nations Unies du 26 juin 1945. Ce terme peut aussi designer une convention internationale comme la Charte africaine des droits de l'homme et des peuples du 27 juin 1986.

Convention désigne un accord ayant une vocation universelle et signé sous l'égide d'une Organisation internationale. Par exemple, la Convention des Nations Unies relative aux droits des personnes handicapées du 13 décembre 2006.

Protocole désigne très souvent un accord qui vient compléter ou amender un accord précédent. A titre d'exemple, le Protocole additionnel relatif à la protection des victimes des conflits armés internationaux du 08 juin 1977 (Protocole I), rattaché aux Conventions de Genève du 12 août 1949.

Statut désigne généralement le traité constitutif d'une juridiction internationale. Comme exemples, le Statut de la Cour Internationale de Justice, le Statut de la Cour Pénale Internationale.

Dans le cadre bilatéral :

Accord est fréquemment utilisé comme un générique. Il est suivi de la matière qu'il règlemente. Exemples : Accord de coopération dans le domaine militaire, Accord sur la non double imposition, Accord sur la protection réciproque des investissements etc.

Echange de notes/lettres désigne un accord bilatéral contenu dans deux documents distincts. En effet, les parties s'échangent des notes ou des lettres qui constitueront un traité juridiquement contraignant. Les Etats ont recours à ce procédé en raison de sa flexibilité.

Mémorandum d'entente (en anglais Memorandum of Understanding-MoU) désigne un accord bilatéral ou multilatéral. Il est souvent utilisé pour des engagements informels, dépourvus de contraintes juridiques. Comme mentionné plus haut, ces usages ne sont pas restrictifs. Il n'est pas rare que les termes « Convention et Protocole » désignent des traités bilatéraux.

Sans être exhaustive encore moins définitive, cette distinction terminologique est peu de chose vis-à-vis du contenu du traité et de la volonté des parties.

2. Définition du traité international :

Aux termes de l'Article 2 de la Convention de Vienne sur le droit des traités de 1969, « le traité s'entend d'un accord international conclu par écrit entre les Etats et régi par le droit international qu'il soit consigné dans un instrument unique ou dans deux ou plusieurs instruments connexes, et quelle que soit sa dénomination particulière ».

Notons qu'une convention relative au droit des traités entre Etats et organisations internationales ou entre organisations internationales, a été signée à Vienne, le 21 mars 1986. A ce jour, ladite convention n'est pas encore entrée en vigueur.

Il convient de souligner que les critères retenus dans la définition susmentionnée sont valables pour les traités conclus entre les Etats et les organisations internationales ou entre les organisations internationales.

Revêtant plusieurs aspects, cette définition nécessite que l'on s'y attarde. Elle pose les critères cumulatifs suivants :

Sur le fond :

Tout d'abord, un traité doit être une manifestation de volontés concordantes.

Autrement dit, les Etats doivent manifester leurs volontés et celles-ci doivent être concordantes. La concordance des volontés se traduit dans l'objet ou le but du traité.

Par ailleurs, on ne saurait parler de traité si l'acte conventionnel n'est pas régi par le droit international.

Ainsi, un accord interétatique régi par le droit national d'une partie appartient à la catégorie des contrats internationaux.

Une autre exigence découlant de cette définition est l'imputabilité de l'acte à deux ou plusieurs sujets de droit et non pas à un seul.

En clair, on ne peut parler de traité que lorsque les parties sont des Etats ou des organisations internationales qui jouissent du *Treaty making power*, c'est-à-dire la capacité de conclure des traités. Cette capacité est consubstantielle à la qualité de sujet du droit international.

Subséquemment, les actes juridiques conclus entre un Etat et d'autres entités comme les sociétés ou multinationales sont exclus de la catégorie des traités. Ces actes ne sont ni plus ni moins que des contrats. Un traité doit avoir un caractère normatif, c'est-à-dire instituer des obligations juridiques précises.

Le *gentleman's agreement*[9] ne peut être assimilé à un traité dans la mesure où il repose essentiellement sur l'honneur des parties et ne produit pas d'effets juridiques.

En général, un traité détermine ou justifie des interprétations, précise des intérêts, suscite des attentes réciproques qui ont forcément des répercussions sur le plan juridique.
Toutefois, il est admis qu'un traité puisse affirmer simplement des vœux ou des intentions politiques.

Sur la forme :

---

9. Accord informel entre deux ou plusieurs parties s'accordant des avantages réciproques, sans que celui ne soit imposable à l'instar d'un contrat.

Le choix de la dénomination d'un accord est laissé à la discrétion des parties contractantes. Cependant, un acte conventionnel doit être écrit pour avoir valeur de traité. Les accords verbaux ne sont pas des traités au sens du droit international, quand bien même que celui-ci reconnait leur validité.[10] Néanmoins, les accords verbaux sont rares de nos jours pour des raisons de sécurité juridique.

Par ailleurs, il ressort de la définition susmentionnée qu'un traité peut être consigné dans un ou plusieurs instruments. En effet, un traité bilatéral peut prendre la forme d'un seul instrument signé par les deux parties ou celle d'un échange d'instruments traduisant la concordance de leurs volontés.

Quant au traité multilatéral, il est généralement contenu dans un document unique. Les critères de fond et de forme ci-dessus évoqués doivent nécessairement être remplis pour qu'un accord relève de la catégorie des traités internationaux.

3. Classification des traités internationaux :

Nous avons d'une part, la classification matérielle qui se fonde sur les aspects intrinsèques des traités, c'est-à-dire leur contenu et leur fonction juridique, et d'autre part la classification formelle qui tient compte des variables extrinsèques comme le nombre de parties contractantes.

La classification se fait également en fonction de la portée des traités. C'est dans ce sens que l'Article 38 de la Cour Internationale de Justice distingue les « conventions générales » des « conventions spéciales ».

---

10. Article 3 la Convention de Vienne du 23 mai 1969 sur le droit des traités : « Le fait que la présente Convention ne s'applique pas aux accords internationaux qui n'ont pas été conclus par écrit, ne porte pas atteinte (...) à la valeur juridique de tels accords ».

Une autre classification s'opère sur la base du mode de conclusion des traités. On distingue ainsi le traité en forme simplifiée du traité en forme solennelle.

Plusieurs classifications sont donc possibles, mais nous retiendrons celle que nous estimons fondamentale et ce, dans un souci de simplification.

Nous distinguerons les traités bilatéraux des traités multilatéraux.

Les traités bilatéraux :

Conclus entre deux parties, ces traités sont les plus nombreux. Ils règlementent toutes les matières qui revêtent un intérêt pour les Etats. On les retrouve dans les domaines suivants :

- **Politique** (accord d'amitié, de défense, de paix, de délimitation des frontières…) ;

- **Economie** (accord commercial, sur la libre circulation des personnes et des biens, de non double imposition, de protection réciproque des investissements…) ;

- **Judiciaire** (accord d'extradition, sur l'entraide judiciaire en matière pénale, civile et commerciale…) ;

- **Diplomatie** (accord d'exemption de visa, d'établissement de relations diplomatiques, instituant une commission mixte de coopération…).

Par analogie avec le droit des obligations,[11] on qualifie généralement les traités bilatéraux de « traités-contrats » d'autant qu'ils sont sources d'obligations et de droits réciproques pour les seules parties contractantes.

---

11. Branche du droit interne qui traite des obligations contractuelles.

Les traités multilatéraux :

Les traités multilatéraux ont la particularité d'être conclus entre plus de deux parties. Certains traités multilatéraux ont une portée régionale (Charte africaine sur la bonne gouvernance et la démocratie) tandis que d'autres ont un caractère universel (Convention des Nations Unies sur l'apatridie).

Dressant une analogie avec le droit interne, on qualifie parfois, les traités multilatéraux à portée « normative » de « traités-lois » puisqu'ils édictent des normes censées s'appliquer à tous les Etats.

En somme, il convient de noter que les traités bilatéraux sont différents, à bien des égards, des traités multilatéraux.

Section 2 : Le contenu d'un traité international :

Un traité contenu dans un seul document se présente de façon presqu'univoque.

1. Le titre d'un traité international :

En règle générale, le titre d'un traité bilatéral définit son objet et mentionne les parties contractantes.

Exemple de titre :

ACCORD DE COOPERATION DANS LE DOMAINE JUDICIAIRE ENTRE LA REPUBLIQUE DU MALI ET LA REPUBLIQUE DU PEACELAND

Soulignons que contrairement au traité bilatéral, le titre du traité multilatéral ne mentionne que l'objet du traité. Par exemple : « Convention de Vienne sur les relations diplomatiques ».

2. Le préambule :

Un traité commence le plus souvent par un préambule, lequel n'a pas une portée juridique immédiate. Le préambule contient les éléments ci-après :

- l'énumération des parties :

Les noms officiels des parties contractantes sont mentionnés.

- l'exposé des motifs :

Les motifs qui sous-tendent la conclusion du traité y sont expliqués et mention est faite de l'objectif ou des objectifs poursuivis. Il est également fait référence aux excellentes relations de coopération qu'entretiennent les parties contractantes.

Les accords internationaux et les principes fondamentaux des organisations internationales auxquelles les parties appartiennent ainsi que les précédents traités bilatéraux ou multilatéraux qui les lient sont parfois rappelés dans le préambule.

Bien que dépourvu de portée juridique, le préambule peut s'avérer utile dans l'interprétation du traité puisqu'il traduit l'intention des parties.

Exemple de préambule :

Le Gouvernement de la République Féderale du Wakanda ;

et

Le Gouvernement de la République Démocratique du Benkadi ;

Ci-après dénommés collectivement « Parties » et individuellement « Partie »,

DESIREUX de consolider les relations d'amitié, de fraternité, de solidarité et de coopération entre leurs deux pays sur la base des principes de la Charte des Nations Unies et du Droit international ;

ANIMÉS par la volonté commune de contribuer au développement de leurs économies respectives et au bien-être de leurs peuples à travers une coopération mutuellement avantageuse pour les deux Etats ;

SOUHAITANT raffermir les liens historiques et de solidarité entre leurs ressortissants ;

DESIREUX de renforcer leur coopération bilatérale, notamment dans les domaines politique, économique, social, culturel, sécuritaire, scientifique, technique, de l'économie , du commerce , du tourisme , de l'investissement , de l'éducation , de l'information et de la communication , de la jeunesse et des sports ;

CONSCIENTS des avantages qui peuvent découler du raffermissement de cette coopération, conformément aux lois et règlements en vigueur dans les deux pays,

SONT CONVENUS DE CE QUI SUIT :

3. Le dispositif d'un traité international :

Le dispositif d'un traité s'entend des clauses matérielles sur lesquelles les parties sont convenues. Il se divise en articles ou en paragraphes.

Le dispositif d'un traité est souvent agencé selon l'ordre suivant : les dispositions générales, les dispositions spéciales et les clauses finales.

Les clauses finales sont indispensables à l'application d'un traité car elles fixent les conditions d'entrée en vigueur et le mode de règlement des éventuels différends (d'interprétation ou d'application).

Un traité contient parfois des annexes qui en font partie intégrante. Ils portent sur des détails du traité et règlent des questions techniques.

Exemple de clauses finales d'un traité multilatéral :

Art. 81 Signature

La présente Convention sera ouverte à la signature de tous les Etats Membres de l'Organisation des Nations Unies [...] de la manière suivante: jusqu'au 30 novembre 1969 au Ministère fédéral des Affaires étrangères de la République d'Autriche et ensuite jusqu'au 30 avril 1970 au Siège de l'Organisation des Nations Unies à New York.

Art. 82 Ratification

La présente Convention sera soumise à ratification. Les instruments de ratification seront déposés auprès du Secrétaire général des Nations Unies.

Art. 83 Adhésion

La présente Convention restera ouverte à l'adhésion de tout Etat appartenant à l'une des catégories mentionnées à l'art. 81. Les instruments d'adhésion seront déposés auprès du Secrétaire général des Nations Unies.

Art. 84 Entrée en vigueur

1. La présente Convention entrera en vigueur le trentième jour qui suivra la date du dépôt du trente-cinquième instrument de ratification ou d'adhésion.

2. Pour chacun des Etats qui ratifieront la Convention ou y adhéreront après le dépôt du trente-cinquième instrument de ratification ou d'adhésion, la Convention entrera en vigueur le trentième jour après le dépôt par cet Etat de son instrument de ratification ou d'adhésion [...]

Clauses finales d'un traité bilatéral :

Exemple de clauses finales d'un traité bilatéral :

Article 20
Amendements

Chaque Partie peut à tout moment, notifier par voie diplomatique à l'autre Partie son intention d'amender le présent Accord. Lesdits amendements entrent en vigueur à la date de leur signature.

Article 21
Règlement des différends

Tout différend né de l'application ou de l'interprétation du présent Accord est réglé à l'amiable et par voie diplomatique.

Article 22
Entrée en vigueur et durée

Le présent Accord entre en vigueur à la date de sa signature.

Il est conclu pour une durée de dix (10) ans renouvelable par tacite reconduction, à moins que l'une des Parties ne notifie à l'autre par voie diplomatique, son intention d'y mettre fin.

Article 23
Dénonciation

Chaque Partie peut à tout moment, notifier par écrit à l'autre Partie, son intention de dénoncer le présent Accord. Cette dénonciation prend effet à l'expiration d'un délai de quatre-vingt-dix (90) jours, à compter de la date de réception de la notification.

La dénonciation du présent Accord n'affecte pas les activités et les projets en cours d'exécution.

En foi de quoi les soussignés, dûment mandatés par leurs Gouvernements respectifs, ont signé le présent Accord [...]

Section 3 : Les alternats d'un traité bilatéral :

Un traité bilatéral doit être établi en deux exemplaires originaux. Le terme alternat désigne l'exemplaire original destiné à chacune des parties contractantes. Les alternats contiennent le texte du traité dans ses différentes langues de rédaction.

Les alternats se distinguent par l'ordre dans lequel les parties contractantes sont mentionnées sur le titre, le préambule et la page de signature. En effet, la préséance est accordée à chaque partie sur son alternat. Sur le titre et le préambule, la République du Mali doit être mentionnée en premier sur son alternat et en second sur l'alternat du partenaire.

Quant à la page de signature, la préséance se situe à gauche. Ainsi, le plénipotentiaire malien signera à gauche et le représentant du partenaire à droite sur l'alternat malien.

Inversement, la signature du plénipotentiaire malien sera à droite et celle du représentant du partenaire à gauche sur l'alternat du partenaire. Cependant, l'ordre des signatures doit être inversé lorsque l'accord est rédigé en langue arabe.

En effet, la préséance se situe à droite d'autant plus que l'arabe s'écrit de la droite vers la gauche. Par ailleurs, chaque partie doit imprimer ses alternats sur son papier officiel. Celui du Mali est bordé des couleurs du drapeau national.

Présentation du papier officiel du Mali :

Il importe de préciser que les alternats d'une partie peuvent être imprimés sur du papier neutre lorsque celle-ci ne dispose pas de papier officiel. Avant la signature proprement dite, les alternats sont placés dans des couvertures, autrement appelées parapheurs.

Chaque partie utilise sa propre couverture. Cependant, la partie hôte peut fournir deux couvertures neutres. Notons par ailleurs que le système des alternats ne s'applique qu'aux traités bilatéraux.

Un traité multilatéral est constitué d'un seul texte original, signé dans ses différentes langues de rédaction. L'original est conservé par le dépositaire qui peut délivrer une copie certifiée conforme à l'original à chaque partie qui en fait la demande.

Section 4 : Le dépositaire d'un accord multilatéral :

Au cours des négociations, les parties peuvent convenir du choix du dépositaire et définir les rôles qui lui seront dévolus.

Les dispositions de la Convection de Vienne définissant les obligations et fonctions du dépositaire[12] s'appliquent lorsqu'un traité ne prévoit pas de règles spécifiques.

Il est d'usage de confier cette responsabilité au secrétariat de l'organisation internationale sous les auspices de laquelle le traité est négocié.

Cependant, il n'est pas exclu qu'un ou plusieurs Etats assument la fonction de dépositaire, laquelle est essentiellement notariale.

En vertu de l'Article 77 de la Convention de Vienne sur le droit des traités de 1969, le dépositaire reçoit et conserve

12. Article 76 à 80 de la Convention op.cit

le texte original du traité, les pleins pouvoirs de signature, les instruments de ratification, les communications et tous les actes relatifs au traité. Il notifie aux parties les signatures, ratifications, adhésions, réserves, déclarations et retraits.

En outre, le dépositaire assure l'enregistrement du traité auprès du Secrétariat général de l'Organisation des Nations Unies.

En dépit de l'importance de son rôle, le dépositaire n'est pas un législateur international.

Ainsi, il n'a pas vocation à effectuer un contrôle matériel sur les actes soumis par les parties, tels que les propositions de correction.[13]

---

[13] . L'Article 79 de la Convention op.cit détermine les moyens de rectification des erreurs de rédaction.

CHAPITRE II

LA CONCLUSION D'UN TRAITE INTERNATIONAL

Un traité international est conclu lorsque les parties ont exprimé leur volonté définitive à être liées par ses dispositions. Les parties peuvent exprimer leur consentement à être liées par la signature, l'échange d'instruments, la ratification, l'acceptation, l'approbation ou l'adhésion ou tout autre moyen convenu.[14]

Il apparait que ces différents procédés ont le même effet juridique en ce sens qu'ils engagent les parties à s'acquitter de leurs obligations et leur permet de jouir des droits qui découlent du traité. Ces procédés consacrent l'entrée en vigueur d'un traité qui obtient, dès lors, sa plénitude en tant que source de droit.

Il est à noter que les modes de conclusion des traités sont déterminés en fonction de l'intention des parties contractantes. En effet, il appartient aux parties de convenir des conditions d'entrée en vigueur et des modalités d'application d'un traité.

La conclusion d'un traité est le couronnement d'un processus qui commence par la négociation (Section 1), laquelle se termine généralement par la signature du texte du traité (Section 2).

Nous verrons les procédés par lesquels les Etats s'engagent définitivement à être liés par un traité international (Section 3) avant de mettre en exergue la procédure de ratification des traités internationaux au Mali (Section 4).

---

14. Article 11 de la Convention op.cit

Section 1 : La négociation d'un traité international :

La négociation d'un traité est la manifestation de la volonté des sujets internationaux à s'engager dans un acte conventionnel.

1. L'initiative de la conclusion d'un traité international :

Au Mali, l'initiative de la conclusion d'un traité bilatéral ou la participation à un traité multilatéral relève des prérogatives de l'Exécutif.

Aux termes de l'Article 181 de la Constitution du 22 juillet 2023 : « le Président de la République négocie et ratifie les traités. Il est informé de toute négociation tendant à la conclusion d'un accord international non soumis à ratification ».

Cette disposition consacre le rôle prépondérant du Président de la République, qui est le véritable chef de la diplomatie, en matière de conclusion des traités internationaux.

Cette prépondérance de l'Exécutif est réaffirmée par l'Article 5 du Décret N° 10-718/PR-M du 31 décembre 2010 relatif à la conclusion des traités dont la teneur suit : « la décision d'ouvrir une négociation est un acte de politique étrangère. Cette décision relève principalement du Président de la République, du Premier ministre et du ministre chargé des Affaires étrangères ».

En outre, l'alinéa 2 de l'article ci-dessus cité consacre la compétence du ministre chargé des Finances en ce qui concerne la négociation des accords d'emprunt et de garantie publics et ceux relatifs à la dette extérieure. Plus prosaïquement, le ministre chargé des Finances négocie les accords qui engagent les finances de l'Etat.

Les autres ministres, désireux de conclure un nouvel accord ou de réviser un accord existant dans leurs domaines de compétence, en font la proposition au ministre chargé des Affaires étrangères, laquelle proposition devra être assortie d'une description du projet d'accord, son intérêt et ses implications pour le Mali ou lorsqu'il s'agit d'une révision, une mention des modifications nécessaires.[15]

Une fois l'ouverture de la négociation décidée, le ministre chargé des Affaires étrangères procède, si nécessaire, à des consultations avant d'engager les négociations.[16] Le cas échéant, le ministre chargé des Affaires étrangères saisit le Premier ministre aux fins d'arbitrage, lorsque l'ouverture d'une négociation suscite des divergences de vues.[17]

De même, l'initiative de la conclusion d'un traité peut émaner des partenaires du Mali, lesquels manifestent le souhait de se lier conventionnellement en soumettant un projet d'accord.

Dans le cadre multilatéral, cette initiative peut provenir de l'organisation internationale elle-même ou d'un groupe d'Etats.

2. Le déroulement des négociations :

La négociation d'un accord bilatéral se fait à travers le canal diplomatique (entre ministères en charge des Affaires étrangères) et prend la forme d'un échange de propositions et de contrepropositions.

Lorsqu'un partenaire soumet un projet d'accord au Mali, le ministère en charge des Affaires étrangères saisit les

15. Article 6 du Décret N° 10-718/PRM du 31 décembre 2010 relatif à la conclusion des traités
16. Ibidem
17. Article 7 du Décret op.cit

ministères concernés ou, au besoin, convie une réunion interministérielle aux fins de recueillir leurs avis et éventuelles observations. Par la suite, les observations du Mali sont transmises au partenaire qui les approuve ou propose des amendements.

Lorsque les deux parties parviennent à un texte consensuel, ils envisagent alors la signature de l'accord et fixent les modalités pratiques y relatives. Il est fréquent que les parties organisent une rencontre médiatisée en vue de la signature de l'accord négocié.

Il est également possible de signer un accord par voie de correspondance. Le *modus operandi* est le suivant : Après avoir signé le document, une partie contractante le transmet à l'autre partie afin que celle-ci y appose sa signature. De plus, certains accords sont signés au cours des commissions mixtes de coopération.

Une commission mixte est un cadre d'échanges périodiques établi entre deux Etats en vue de faire le point de leur coopération et d'explorer, le cas échéant, de nouveaux domaines de coopération.

Il va sans dire qu'elle contribue au raffermissement des liens de coopération entre deux pays. Une commission mixte est mise en place par un Accord qui en fixe la périodicité et les modalités de son organisation.

Quant à la négociation d'un traité multilatéral, elle se déroule généralement sous les auspices d'une organisation internationale. L'Organisation des Nations unies, l'Union africaine, la Communauté Economique des Etats de l'Afrique de l'Ouest servent généralement de cadre à des négociations multilatérales.

3. Les pleins pouvoirs :

Les parties agissent par l'intermédiaire de personnes physiques dûment mandatées, c'est-à-dire disposant des pleins pouvoirs pour les engager. Au sens de l'Article 2 de la Convention de Vienne sur le droit des traités de 1969, « les pleins pouvoirs s'entendent d'un document émanant de l'autorité compétente d'un Etat et désignant une ou plusieurs personnes pour représenter l'Etat pour la négociation, l'adoption ou l'authentification du texte d'un traité, pour exprimer le consentement de l'Etat à être lié par un traité ou pour accomplir tout autre acte à l'égard du traité ».

L'échange et l'examen des pleins pouvoirs est un préalable à la négociation d'un traité. Le but est de s'assurer que la négociation se déroulera entre personnes habilitées à cette fin. Au Mali, les pleins pouvoirs sont établis par le ministre chargé des Affaires étrangères pour la conclusion des traités internationaux, à l'exception des accords relatifs aux finances de l'Etat pour lesquels le ministre chargé des Finances est compétent.[18] Il est utile de noter que certaines personnalités ne sont pas tenues de disposer des pleins pouvoirs pour engager l'Etat.

Elles bénéficient de la présomption de représentativité, conformément à l'Article 7 (alinéa 2) de la Convention de Vienne sur le droit des traités de 1969 qui stipule : « En vertu de leurs fonctions et sans avoir à produire les pleins pouvoirs, sont considérés comme représentant leur Etat : les Chefs d'Etat, les Chefs de gouvernement, les ministres des Affaires étrangères, pour tous les actes relatifs à la conclusion d'un traité [...] ».

---

18. Article 8 (alinéa 2) du Décret N°10-718/P-RM du 31 décembre 2010 relatif à la conclusion des traités

En écho aux stipulations de l'article susmentionné, l'Article 10 (alinéa 1) du Décret N°10-718/P-RM du 31 décembre 2010 relatif à la conclusion des traités dispose : « A l'exception du Président de la République, du Premier ministre et ministre chargé des Affaires étrangères, la signature de tout traité au nom de la République du Mali exige la délivrance des pleins pouvoirs par le ministre chargé des Affaires étrangères ou le ministre chargé des Finances ». En d'autres termes, les autres ministres et personnalités doivent solliciter auprès du ministre chargé des Affaires étrangères la délivrance des pleins pouvoirs pour la signature d'un traité international, à l'exception des accords d'emprunt et de garantie publics et ceux relatifs à la dette extérieure, qui relèvent du ministre chargé des Finances.

Modèle de pleins pouvoirs :

REPUBLIQUE DU MALI

PLEINS POUVOIRS

NOUS, ………………, Ministre des Affaires étrangères et de la Coopération internationale,

DONNONS POUVOIRS à la délégation malienne dont composition suit :

- Son Excellence Monsieur …………….. ;
- Monsieur ……………….. ;
- Madame ……………….. ;

POUR REPRESENTER le Gouvernement de la République du Mali aux travaux de la 95ème session ordinaire de l'Assemblée générale des Nations Unies à New York.

PROMETTONS d'accomplir et d'exécuter tout ce que nos plénipotentiaires auront stipulé et signé en Notre Nom.

EN FOI DE QUOI, Nous avons donné les présents revêtus du Sceau de l'Etat.

Koulouba, le ……………..

Le Ministre

Section 2 : La signature d'un traité international :

Il convient de préciser que l'effet juridique de la signature varie selon qu'il s'agisse d'un accord en forme simplifiée ou d'un accord en forme solennelle.

S'agissant d'un accord en forme simplifiée, la signature consacre sa conclusion et vaut engagement définitif à y être lié. Autrement dit, le traité devient source d'obligations et produit ses effets à l'égard des parties dès la signature.

Il en va autrement pour un accord en forme solennelle qui nécessite une procédure de ratification, d'adhésion ou d'acceptation.

Autrement dit, la signature d'un accord en forme solennelle ne signifie pas que les parties s'engagent définitivement à être liées, à moins qu'elles conviennent que la signature aura cet effet.[19]

En somme, la signature permet simplement d'authentifier le texte d'un accord en forme solennelle.

1. L'authentification d'un traité international :

L'authentification est un acte par lequel les plénipotentiaires marquent leur adhésion au texte négocié et le tiennent pour définitif, c'est-à-dire insusceptible de modification.

Au terme des négociations, les plénipotentiaires apposent leur signature ou leur paraphe sur le texte de l'accord pour l'authentifier.

Le paraphe est l'apposition des initiales des négociateurs au bas du texte de l'accord.

---

19. Article 12 de la Convention op.cit

Hormis la page de signature, toutes les pages d'un traité doivent être paraphées.

Il convient d'opérer une distinction entre le paraphe et la signature ad referendum qui est un procédé voisin.

La différence entre ces deux techniques réside en ce que la signature ad referendum doit être confirmée ultérieurement pour produire ses effets.

La signature ad referendum vaut signature définitive du traité lorsqu'elle est confirmée.[20]

Au Mali, « le ministre chargé des Affaires étrangères peut, à l'exception des accords d'emprunt et de garantie publics et ceux relatifs à la dette extérieure de l'Etat, autoriser la signature ad referendum du texte d'un traité ».[21]

Certes, l'authentification du texte d'un accord n'emporte pas engagement de l'Etat-signataire, celui-ci doit néanmoins s'abstenir de tout acte qui pourrait mettre en péril l'exécution postérieure du traité ou la rendre impossible.[22]

Par ailleurs, notons que l'authentification est précédée d'une opération spécifique dénommée « l'arrêt du texte ». L'arrêt du texte met officiellement un terme à la phase de négociation.

L'authentification et l'arrêt du texte correspondent à ce qu'il est convenu d'appeler « l'adoption du texte ».

Le texte d'un traité multilatéral est adopté soit par consensus soit par vote, suivant les règles établies par la

---

20. Article 12 (Alinéa 2, point b) de la Convention op.cit
21. Article 10 (alinéa 2) du Décret N°10 718/PRM du 31 décembre 2010 relatif à la conclusion des traités
22. Article 18 de la Convention op. cit

conférence internationale ou l'organisation internationale sous les auspices de laquelle il est négocié.

2. Lieu et date de signature d'un traité international :

A l'instar de tout instrument juridique ou document officiel, le traité doit mentionner le lieu de sa signature. Un traité peut être signé en un lieu unique, en deux ou plusieurs lieux.

L'indication du ou des lieux de signature doit précéder la date et les signatures. En outre, un traité peut être signé à des dates différentes. Dans ce cas de figure, le traité entrera en vigueur à la date de signature la plus récente. Bien entendu, lorsque le traité prévoit la signature comme condition d'entrée en vigueur.

Les noms et qualités des plénipotentiaires doivent suivre le lieu et la date de signature du traité. Toutefois, cette exigence n'est valable que pour les traités bilatéraux.

Section 3 : L'engagement définitif à être lié :

Les Etats disposent de plusieurs procédés pour exprimer leur consentement à être liés par un traité international.

Selon l'Article 11 de la Convention de Vienne sur le droit des traités de 1969, « le consentement d'un Etat à être lié par un traité peut être exprimé par la signature, l'échange d'instruments constituant un traité, la ratification, l'acceptation, l'approbation ou l'adhésion, ou par tout autre moyen convenu ».

1. La signature définitive :

La signature est dite définitive lorsqu'elle exprime le consentement d'une partie à être liée par un traité.[23]

---

23. Article 12 de la Convention op.cit

Les Etats ont généralement recours à cette technique pour les accords bilatéraux. On parle alors d'accord en forme simplifiée. La signature définitive est quasiment inusitée pour les accords multilatéraux.

Les Constitutions de certains pays, y compris celle du Mali, déterminent les catégories de traités qui ne peuvent, sous peine de nullité, faire l'objet de signature définitive.

2. **L'échange de notes ou de lettres :**

Les parties peuvent exprimer leur engagement à être liés dans des instruments distincts (notes ou lettres échangées), à condition qu'elles indiquent explicitement que lesdits documents auront cet effet et qu'ils constituent un accord juridiquement valable.[24] Un échange de notes ou de lettres se présente comme suit :

<u>Etat A</u>

Monsieur le Ministre,

Gravement préoccupés par la situation sécuritaire dans la zone frontalière du Waterland et du Peaceland,

Nos deux gouvernements sont convenus de mener des opérations conjointes en vue de lutter efficacement contre les groupes armés terroristes,

Dans ce cadre, j'ai l'honneur, au nom de mon Gouvernement, de vous proposer les stipulations suivantes applicables au détachement waterlandais pendant la durée de son déploiement sur le territoire du Peaceland :

Article 1er : ....

24. Article 13 de la Convention op.cit

Article 2 :……………………
Article 3 :……………………

Je vous serais obligé de bien vouloir me faire savoir si les stipulations qui précèdent recueillent l'agrément de votre Gouvernement. **Dans ce cas, la présente lettre ainsi que votre réponse constitueront l'accord entre nos deux Gouvernements relatif au statut du détachement waterlandais.**

Cet accord entrera en vigueur à la date de votre réponse et produira ses effets jusqu'au 31 décembre 2030.

Etat B

Monsieur le Ministre,

J'accuse réception de votre lettre du 9 mars 2029 libellée comme suit :

« Gravement préoccupés……………….. »

J'ai l'honneur de vous faire part de l'accord de mon Gouvernement sur ces dispositions.

Votre lettre et ma réponse constituent donc un accord entre nos deux Gouvernements, relatif au statut du détachement waterlandais, qui entre en vigueur ce jour et produira ses effets jusqu' au 31 décembre 2030.

3. La ratification d'un traité international :

La ratification est l'acte par lequel l'Etat confirme sa volonté à être lié et s'engage à l'exécuter. Elle obéit aux règles du droit interne.

Il est à noter que la ratification est un acte discrétionnaire en ce sens que les Etats sont libres de l'accomplir ou de ne pas s'y résoudre.

A titre d'exemple, le Senat américain s'est opposé, en 1918, à la ratification du Pacte de la Société des Nations, en raison de l'Article 10 qui obligeait chaque Etat-membre à préserver l'indépendance territoriale des autres et à intervenir en cas d'agression.

La ratification s'impose lorsque la signature ne permet que l'authentification du texte du traité.

En d'autres termes, un traité qui n'est pas signé définitivement doit être ratifié pour produire ses effets. On parle d'accord en forme solennelle.

Il convient de souligner que l'acceptation, l'approbation et la ratification produisent les mêmes effets juridiques.

Du reste, les règles procédurales de la ratification sont identiques à celles de l'acceptation et de l'approbation.[25]

La procédure de ratification est sanctionnée par un acte dénommé « instruments de ratification ».

Au Mali, les instruments de ratification sont élaborés par le Ministère en charge des Affaires étrangères et signés par le Chef de l'Etat.

---

25. Article 2 par.1 & Article 14 par. 2 de la Convention op.cit

Modèle d'instruments de ratification :

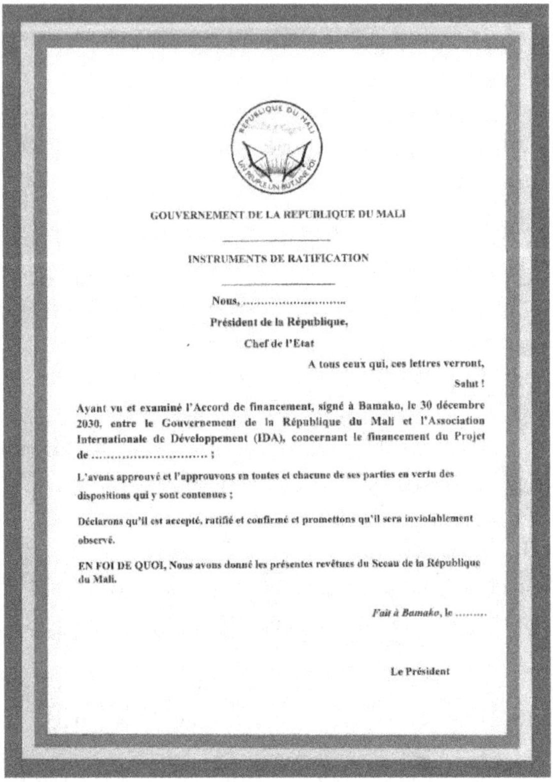

GOUVERNEMENT DE LA REPUBLIQUE DU MALI

INSTRUMENTS DE RATIFICATION

Nous, ...

Président de la République,

Chef de l'Etat

A tous ceux qui, ces lettres verront,

Salut !

Ayant vu et examiné l'Accord de financement, signé à Bamako, le 30 décembre 2030, entre le Gouvernement de la République du Mali et l'Association Internationale de Développement (IDA), concernant le financement du Projet de .... ;

L'avons approuvé et l'approuvons en toutes et chacune de ses parties en vertu des dispositions qui y sont contenues ;

Déclarons qu'il est accepté, ratifié et confirmé et promettons qu'il sera inviolablement observé.

EN FOI DE QUOI, Nous avons donné les présentes revêtues du Sceau de la République du Mali.

***Fait à Bamako*, le ....**

Le Président

4. L'adhésion à un traité international :

L'adhésion est le procédé par lequel un Etat devient partie à un accord multilatéral qu'il n'a pas signé, à condition que cette possibilité soit offerte. L'adhésion intervient après l'entrée en vigueur de l'accord. L'Etat désireux d'adhérer à un traité est tenu de notifier sa volonté au dépositaire ou aux parties.[26] Il importe de préciser que l'adhésion vaut à la fois signature et ratification de l'accord. L'engagement à être lié

26. Article 15 de la Convention op.cit

se fait à travers un acte dénommé « instruments d'adhésion ».

Modèle d'instruments d'adhésion :

GOUVERNEMENT DE LA REPUBLIQUE DU MALI

INSTRUMENTS D'ADHESION

Nous, ...

Président de la République,

Chef de l'Etat

A tous ceux qui, ces lettres verront,

Salut !

DECLARONS que le Gouvernement de la République du Mali, après avoir pris connaissance de la Convention internationale pour la ...., adoptée à New York, le 30 décembre 2025, par l'Assemblée Générale des Nations Unies,

ADHERE et S'ENGAGE à en observer fidèlement les dispositions.

EN FOI DE QUOI, Nous avons signé les présentes et apposé le Sceau de la République du Mali.

Fait à Bamako, le ....

Le Président

Outre les moyens sus évoqués par lesquels un Etat exprime son engagement à être lié, il existe un procédé permettant à un Etat d'exclure l'opposabilité de certaines dispositions à son égard. Il s'agit de la réserve.

5. La réserve :

La réserve s'entend d'une « déclaration unilatérale, quel que soit son libellé ou sa désignation, faite par un État quand il signe, ratifie, accepte ou approuve un traité ou y adhère, par laquelle il vise à exclure ou à modifier l'effet juridique de certaines dispositions du traité dans leur application à cet État ».[27]

La technique des réserves a le mérite de favoriser l'extension d'un traité à un grand nombre de pays qui ont des appréhensions ou des réticences.

Cependant, les réserves sont susceptibles d'altérer l'esprit du texte et de le vider de son sens, d'où la nécessité d'y recourir avec retenue.

Un Etat désireux de formuler une réserve est tenu de le faire par écrit sous peine d'irrecevabilité.

Lorsque la réserve est formulée au moment de la signature d'un traité en forme solennelle, elle doit, sauf disposition contraire du traité, être confirmée lors de la ratification, soit dans l'instrument lui-même, soit dans un document annexé.

Par ailleurs, un Etat perd la possibilité de formuler une réserve après la ratification ou l'adhésion, sauf disposition expresse du traité.

Enfin, notons que les parties contractantes peuvent, si elles le jugent nécessaire, limiter voire interdire le recours aux réserves.

Section 4 : La procédure de ratification des traités internationaux au Mali :

A l'instar d'autres Etats, la procédure de ratification des traités internationaux au Mali est régie par le droit interne.

Elle incombe, en premier lieu, au Président de la République. Il est également informé de la conclusion des accords ne nécessitant pas une procédure de ratification.[28]

---

27. Article 2 (paragraphe d) de la Convention op.cit

La ratification ne concerne que certaines catégories de traités. Au sens de l'Article 182 de la Constitution du 22 juillet 2023 : « les traités de paix, de commerce, les traités relatifs aux organisations internationales, ceux qui engagent les finances de l'Etat, ceux qui sont relatifs à l'état des personnes, ne peuvent être approuvés ou ratifiés qu'en vertu de la loi. Ils ne prennent effet qu'après avoir été approuvés ou ratifiés ».

Il en résulte que les traités susmentionnés ne peuvent aucunement être conclus sous la forme simplifiée, c'est-à-dire qu'ils doivent impérativement être ratifiés sous peine de nullité.

1. Les institutions et structures impliquées :

En plus du Président de la République, le Parlement et d'autres organes concourent à la formation de la volonté définitive du Mali à s'engager dans un traité international.

- Compétence du Parlement :

Selon l'Article 115 de la Constitution du 22 juillet 2023, les lois sont votées par le Parlement à la majorité simple.

La ratification d'un traité intervient à la suite de l'approbation parlementaire. Cette approbation prend la forme d'une loi portant autorisation de la ratification du traité en question.

- Compétence du Ministère en charge des Affaires étrangères :

En vertu de l'Article 13 du Décret N°10-718/P-RM du 31 décembre 2010 relatif à la conclusion des traités, « le ministre chargé des Affaires étrangères met en œuvre la procédure en soumettant à l'approbation du Gouvernement

28. Article 181 de la Constitution du 22 juillet 2023.

les projets de textes relatifs à la ratification de tout traité relevant de la catégorie des traités en forme solennelle ».

La Direction des Affaires juridiques du Ministère en charge des Affaires étrangères est la structure technique qui assure la ratification des traités internationaux en République du Mali.

Créée par Ordonnance N°00-047/P-RM du 25 septembre 2000, « la Direction des Affaires juridiques a pour missions d'élaborer les éléments de la politique nationale en matière de négociation, de conclusion, de ratification, d'application, d'interprétation et de gestion des accords et traités internationaux... ».

- Compétence du Secrétariat général du Gouvernement :

Créé par Ordonnance N°04-001/P-RM du 25 février 2004, le Secrétariat général du Gouvernement a pour missions entre autres la préparation du Conseil des Ministres et l'organisation du travail gouvernemental.

Les projets de textes relatifs à la ratification d'un traité sont soumis à l'approbation du Conseil des Ministres à travers le Secrétariat général du Gouvernement.

- Compétence de la Cour constitutionnelle :

La Cour constitutionnelle exerce un contrôle de constitutionnalité sur les traités et accords internationaux qui sont soumis à la procédure de ratification.

Conformément à l'Article 152 de la Constitution du 22 juillet 2023: « les engagements internationaux (ceux qui doivent faire l'objet de ratification tel qu'en dispose l'Article 182 de ladite Constitution) peuvent être déférés avant leur ratification à la Cour constitutionnelle, par le Président de la République, le Président de l'Assemblée nationale ou un dixième des députés, le Président du Senat ou un dixième des sénateurs. La Cour constitutionnelle vérifie [...] si ces engagements comportent une clause contraire à la Constitution. Un engagement déclaré contraire à la Constitution ne peut être ratifié. ».

- Compétence de la Cour suprême :

Aux termes des Articles 139 et 141 de la Constitution du 22 juillet 2023, la Cour suprême a des compétences contentieuses et consultatives. A ce titre, elle émet des avis sur toute question déférée devant elle et ce, conformément à ses attributions.

La section administrative de la Cour suprême est parfois amenée à se prononcer sur la régularité de la procédure de ratification.

En effet, l'entrée en vigueur de certains accords de prêt est conditionnée à la transmission, à la banque prêteuse, d'un avis juridique certifiant que l'accord a été régulièrement ratifié.

2. Les étapes de la procédure de ratification :

La procédure de ratification des traités internationaux comporte les étapes suivantes : l'élaboration des projets de textes, l'adoption des projets de textes par le Gouvernement, l'autorisation du Parlement, l'élaboration et la signature des instruments de ratification.

- L'élaboration des projets de textes :

La Direction des Affaires juridiques du Ministère en charge des Affaires étrangères élabore les projets de textes relatifs à la ratification des traités internationaux.

Les projets de textes s'entendent d'un projet de décret portant ratification du traité et d'un projet de loi ou d'un projet d'ordonnance autorisant la ratification du traité, selon le cas.

En effet, le projet d'ordonnance est élaboré durant la période de l'intersession parlementaire au cours de laquelle le Gouvernement est autorisé à prendre des mesures qui relèvent normalement du domaine de la loi.[29]

Les projets de textes et le texte du traité sont annexés à un rapport de présentation. Le rapport de présentation est un document qui expose de façon succincte les motifs qui ont prévalu à la signature du traité, les intérêts qu'il revêt, les implications juridiques et les incidences financières de sa mise en œuvre.

Ci-dessous un modèle de rapport de présentation.

MINISTÈRE DES AFFAIRES ETRANGÈRES DE LA COOPERATION INTERNATIONALE

RÉPUBLIQUE DU MALI
Un Peuple - Un But - Une Foi

SECRETARIAT GENERAL

Rapport de présentation

I- <u>OBJET</u> :

Le présent rapport a pour objet de soumettre à l'approbation du Conseil des Ministres, les projets de textes relatifs à la ratification de la Convention d'entraide judiciaire en matière pénale, signée à Bamako le 02 avril 2030, entre le Gouvernement de la République du Mali et le Gouvernement de la République du Peaceland.

29. Article 121 de la Constitution du 22 juillet 2023.

II- EXPOSE DES MOTIFS :

Le Mali et le Peaceland entretiennent des relations singulières qui se sont renforcées au fil des ans. La coopération judiciaire entre les deux Parties est fondée sur l'Accord de coopération en matière de justice, signé à Bamako, le 09 juin 1989. Toutefois, cet instrument n'est plus adapté aux défis actuels, notamment ceux posés par le terrorisme et les crimes connexes.

Ainsi, les deux Parties ont jugé utile de réviser l'Accord précité à l'effet de pallier les insuffisances et moderniser le cadre juridique, devenu obsolète, de leur coopération judicaire.

Plus généralement, cette révision procède de la volonté des deux Etats de régler, par des accords distincts, les différents domaines de leur coopération en matière de justice.

La présente Convention vise à renforcer l'efficacité de cette coopération dans le domaine de l'entraide judiciaire en matière pénale.

L'entraide judiciaire, convient-il de le rappeler, est une procédure par laquelle les États sollicitent et fournissent une aide à la collecte de preuves destinées à être utilisées dans des Affaires pénales.

La mise en œuvre de cette Convention, outre la consolidation des relations judiciaires entre les deux pays, permettra de lutter efficacement contre la criminalité.

Aux termes de l'Article 1er de la Convention, l'entraide judiciaire s'appliquera à toute procédure visant des infractions pénales dont la répression est, au moment où l'entraide est demandée, de la compétence des autorités judiciaires de la Partie requérante.

En vertu de l'article ci-dessus cité, l'entraide est également accordée :

- dans les procédures pénales pour des faits ou des infractions pouvant engager la responsabilité d'une personne morale de la Partie requérante ;

- dans les procédures d'indemnisation pour des mesures de poursuite ou des condamnations injustifiées, lorsque de telles procédures sont prévues dans l'Etat requérant ;
- dans les procédures de grâce ;
- dans les actions civiles jointes aux actions pénales, tant que la juridiction répressive n'a pas encore définitivement statué sur l'action pénale ;
- pour la notification de communications judiciaires relatives à l'exécution d'une peine ou mesure de sureté, du recouvrement d'une amende ou du paiement de frais de procédure.

Conformément aux stipulations de l'Article 34, la présente Convention entrera en vigueur le premier jour du deuxième mois suivant la date de réception de la dernière notification. Elle est conclue pour une durée de dix (10) ans renouvelable par tacite reconduction.

La ratification de cette Convention est indispensable pour son entrée en vigueur à l'égard du Mali, selon les dispositions pertinentes de notre Constitution.

III- DISPOSITIF DES TEXTES :

- le projet de Loi comporte un article unique autorisant la ratification de la Convention d'entraide judiciaire en matière pénale, signée à Bamako le 02 avril 2030, entre le Gouvernement de la République du Mali et le Gouvernement de la République du Peaceland.

- le projet de Décret comprend deux (02) articles :

• l'article 1er porte sur la ratification de la Convention d'entraide judiciaire en matière pénale, signée à Bamako le 02 avril 2030, entre le Gouvernement de la République du Mali et le Gouvernement de la République du Peaceland.

• l'article 2 est relatif à sa publication au Journal officiel.

IV- LEGISLATION :

- la Constitution ;
- Décret N°10-718/P-RM du 31 décembre 2010 relatif à la conclusion des traités.

V- CONSULTATIONS INTERMINISTERIELLES : Néant

VI - ELEMENTS DE PARTICIPATION : Néant.

VII - INCIDENCES FINANCIERES : Néant.

VIII - RECOMMANDATIONS : Néant.

IX - DOCUMENTS ANNEXES :

- Projet de Loi autorisant la ratification de la Convention ;
- Projet de Décret y afférent ;
- Texte de ladite Convention.

LE MINISTRE

Officier de l'Ordre national

PARLEMENT

REPUBLIQUE DU MALI
Un Peuple - Un But – Une Foi

LOI N° 2030- ___________/DU

AUTORISANT LA RATIFICATION DE LA CONVENTION D'ENTRAIDE JUDICIAIRE EN MATIERE PENALE, SIGNEE A BAMAKO LE 02 AVRIL 2030, ENTRE LE GOUVERNEMENT DE LA REPUBLIQUE DU MALI ET LE GOUVERNEMENT DE LA REPUBLIQUE DU PEACELAND.

LE PARLEMENT,

- Vu la Constitution ;

- Vu la Convention d'entraide judiciaire en matière pénale, signée à Bamako le 02 avril 2030, entre le Gouvernement de la République du Mali et le Gouvernement de la République du Peaceland,

A délibéré et adopté la Loi dont la teneur suit :

<u>Article unique</u> : Est autorisée, la ratification de la Convention d'entraide judiciaire en matière pénale, signée à Bamako le 02 avril 2030, entre le Gouvernement de la République du Mali et le Gouvernement de la République du Peaceland.

Fait et délibéré en séance publique
à Bamako, le

LE SECRÉTAIRE DE SÉANCE

LE PRÉSIDENT

PRIMATURE
SECRETARIAT GENERAL DU GOUVERNEMENT

REPUBLIQUE DU MALI
Un Peuple - Un But – Une Foi

DECRET N°2030-___________/P-RM DU

PORTANT RATIFICATION DE LA CONVENTION D'ENTRAIDE JUDICIAIRE EN MATIERE PENALE, SIGNEE A BAMAKO LE 02 AVRIL 2030, ENTRE LE GOUVERNEMENT DE LA REPUBLIQUE DU MALI ET LE GOUVERNEMENT DE LA REPUBLIQUE DU PEACELAND.

LE PRESIDENT DE LA REPUBLIQUE,

- Vu la Constitution ;
- Vu la Loi n°......... du --------- autorisant la ratification de la Convention d'entraide judiciaire en matière pénale, signée à Bamako le 02 avril 2030, entre le Gouvernement de la République du Mali et le Gouvernement de la République du Peaceland ;
- Vu le Décret n°10-718/P-RM du 31 décembre 2010 relatif à la conclusion des traités ;
- Vu le Décret n° 2028-023/PR-RM du 22 septembre 2028 portant nomination du Premier ministre ;
- Vu le Décret n° 2028-0035/PR-RM du 15 octobre 2028 portant nomination des membres du Gouvernement ;

STATUANT EN CONSEIL DES MINISTRES,

DECRETE :

Article 1er : Est ratifiée, la Convention d'entraide judiciaire en matière pénale, signée à Bamako le 02 avril 2030, entre le Gouvernement de la République du Mali et le Gouvernement de la République du Peaceland.

Article 2 : Le présent décret, accompagné du texte de la convention, sera enregistré et publié au Journal officiel.

Bamako, le
Le Président de la République,

Le Premier ministre,

Le Ministre des Affaires étrangères et de la Coopération internationale,

----

Le Ministre de la Justice et des Droits de l'Homme, Garde des Sceaux,

----

- L'adoption des projets de textes par le Gouvernement :

Les projets de textes ainsi que le rapport de présentation sont introduits en Conseil des Ministres par le Secrétariat général du Gouvernement. En sa qualité de porteur du dossier, le ministre chargé des Affaires étrangères présente et défend le dossier en Conseil des Ministres.

Après examen, le Conseil des Ministres adopte les projets de textes ou procède à leur renvoi pour complément d'informations.

- L'autorisation du Parlement :

Consécutivement à l'adoption des projets de textes par le Gouvernement, le Secrétariat général du Gouvernement saisit l'Assemblée nationale du dossier.

Ainsi, les projets de textes sont examinés par la Commission en charge des lois qui organise, au besoin, des séances d'écoute de personnes ressources ou de structures en vue de se forger une opinion.

Elle adresse parfois un questionnaire aux structures concernées en prélude aux séances d'écoute.

Voir des modèles de questionnaires en annexe.

Lorsque la Commission émet un avis favorable, le projet de loi est discuté en plénière. Faute de quoi, celui-ci est renvoyé à la prochaine session du Parlement.

Au cours de la plénière, les parlementaires se prononcent sur l'opportunité de la ratification avant le vote.

La loi autorisant le Gouvernement à ratifier le traité est adoptée à la majorité simple des voix.

- L'élaboration et la signature des instruments de ratification :

Le Président de la République promulgue la loi autorisant la ratification et signe le décret ratifiant le traité.

Ensuite, les instruments de ratification sont élaborés par la Direction des Affaires juridiques du Ministère en charge des Affaires étrangères et soumis à la signature du Président de la République.

Une fois signés, lesdits instruments sont transmis, par le Ministère en charge des Affaires étrangères, au partenaire bilatéral ou au dépositaire lorsqu'il s'agit d'un traité multilatéral.

Cette formalité conditionne l'entrée en vigueur des accords en forme solennelle.

CHAPITRE III

L'ENTREE EN VIGUEUR, L'APPLICATION, LA VALIDITE ET LA PUBLICATION D'UN TRAITE INTERNATIONAL

L'intérêt d'un traité réside en ce qu'il crée des droits et obligations pour les parties contractantes. Un traité ne produit ses effets juridiques que lorsqu'il entre vigueur. Comme tout acte juridique, l'entrée en vigueur d'un traité est soumise à certaines conditions (Section 1).

Une fois les conditions d'entrée en vigueur satisfaites, les parties contractantes sont tenues d'appliquer le traité et de s'acquitter, de bonne foi, de leurs obligations conventionnelles (Section 2).

Outre l'entrée en vigueur, un traité doit nécessairement remplir certains critères de validité, au risque d'être entaché de nullité (Section 3).

Il est à préciser que la validité d'un traité se distingue de son applicabilité dans l'ordre juridique interne des Etats. La publication d'un traité est une condition essentielle à son applicabilité (Section 4).

Section 1 : L'entrée en vigueur d'un traité international

La volonté des parties est déterminante dans la définition des conditions d'entrée en vigueur. Il n'existe pas de règles fixes en la matière.

Selon l'Article 24 de la Convention de Vienne sur le droit des traités de 1969, « un traité entre en vigueur suivant les modalités et à la date fixées par ses dispositions ou par accord entre les Etats ayant participé à la négociation. A défaut de telles dispositions ou d'un tel accord, un traité entre en vigueur dès que le consentement à être lié par le traité a été établi pour tous les Etats ayant participé à la négociation ».

1. Les accords bilatéraux :

L'échange des instruments de ratification conditionne, en règle générale, l'entrée en vigueur des accords bilatéraux en forme solennelle.

En effet, la plupart des accords bilatéraux contiennent, avec des variations rédactionnelles, la disposition suivante : « le présent accord entre en vigueur à la date de réception de la dernière notification de ratification ».

Les parties contractantes sont tenues de s'informer mutuellement de l'accomplissement des procédures internes requises pour l'entrée en vigueur du traité.

Dans la pratique, une note verbale dite de notification à laquelle sont annexés les instruments de ratification est transmise au partenaire bilatéral ou au dépositaire du traité multilatéral.

Toutefois, lorsqu'un traité ne nécessite pas de ratification pour une partie, le traité entrera en vigueur à la date de réception par celle-ci de la notification de l'autre partie.

Les exemples ci-dessous permettent de mieux cerner la question.

Cas 1 : l'accord nécessite une ratification pour les deux pays.

Le 20 janvier 2022, le pays A notifie au pays B l'achèvement de la procédure ratification.

Le pays B, quant à lui, notifie l'accomplissement des procédures requises pour l'entrée en vigueur du traité, à la date du 31 décembre 2023. **Le traité entre en vigueur le 31 décembre 2023**.

Cas 2 : l'accord ne nécessite pas de ratification pour l'un des pays.

Le pays A notifie au pays B l'achèvement de la procédure de ratification le 25 janvier 2023. **Le traité entre en vigueur à la date du 25 janvier 2023.**

Le pays B devra informer le pays A de ce que le traité ne nécessite pas de ratification en ce qui le concerne, pendant les négociations ou en accusant réception de la notification de ratification.

2. Les accords multilatéraux

En général, l'entrée en vigueur d'un traité multilatéral dépend de la ratification et de l'adhésion d'un nombre déterminé d'Etats-signataires. Cette condition est parfois assortie de l'écoulement d'un certain délai.

A titre d'exemple, l'Article 51 de la Convention de Vienne de 1961 sur les relations diplomatiques stipule : « la présente Convention entrera en vigueur **le trentième jour qui suivra** la date du dépôt auprès du Secrétaire général de l'Organisation des Nations Unies du **vingt-deuxième instrument de ratification ou d'adhésion** ».

Il ressort des stipulations susvisées que les Etats-signataires sont tenus de déposer leurs instruments de ratification auprès du dépositaire.

Le dépôt des instruments de ratification ainsi que la gestion des notifications d'accomplissement de procédures internes incombent à la Direction des Affaires juridiques du Ministère en charge des Affaires étrangères.

Il y a lieu de souligner qu'un traité peut être provisoirement appliqué, en tout ou partie, en attendant son entrée en vigueur si le traité lui-même le prévoit ou si les participants à la négociation en sont convenus d'une autre manière.[30]

L'application provisoire d'un nouvel accord entraine la suspension de tout accord antérieur réglementant la même matière ou comportant des stipulations contraires. Comme tout acte juridique, un traité international, pour être applicable, doit remplir à la fois des conditions de fond et de forme.

Enfin, retenons que l'application d'un traité est tributaire de l'interprétation qu'en font les parties contractantes.

Section 2 : L'application d'un traité international

L'effet principal d'un traité est de créer des règles juridiques porteuses de droits et d'obligations pour les contractants.

Selon l'Article 26 de la Convention de Vienne sur le droit des traités de 1969, un traité « lie les parties et doit être exécuté par elles de bonne foi ».

Le principe du *Pacta sunt servanda* commande le respect, par les Etats, des termes des accords auxquels ils souscrivent.

Si rien n'oblige un Etat à conclure un traité, il a toutefois l'obligation de respecter ses engagements internationaux au risque d'engager sa responsabilité internationale et de perdre sa crédibilité vis-à-vis des autres Etats.

L'exécution des traités internationaux implique leur mise en relation avec le droit interne des Etats.

---

30. Article 25 de la Convention de Vienne op.cit

Il se pose donc la problématique du rapport entre le droit international et le droit interne.

Tout ordre juridique est censé être supérieur à ses sujets. Les Etats étant les principaux sujets de l'ordre juridique international, on peut en déduire que les normes du droit international sont supérieures à celles du droit interne.

L'Article 27 de la Convention de Vienne susvisée consacre la primauté du droit international sur le droit interne, en ces termes : « Une Partie ne peut invoquer les dispositions de son droit interne comme justifiant la non-exécution d'un traité. », sauf en matière de compétence pour conclure des traités.

En effet, l'Article 46 de ladite Convention permet à un Etat de demander l'annulation d'un traité lorsque celui-ci a été conclu en violation manifeste d'une disposition de son droit interne, relative à la compétence de conclure des traités.

Nonobstant la consécration de la primauté du droit international, celle-ci n'est pas clairement affirmée dans certaines législations nationales.

Au Mali, les traités énumérés à l'Article 182[31] de la Constitution du 22 juillet 2023, doivent être déférés devant la Cour constitutionnelle avant leur ratification. La Cour statue sur la conformité de leurs stipulations avec les dispositions constitutionnelles.

Lorsque que les clauses d'un traité sont jugées contraires à la Constitution, celui-ci ne peut être ratifié. Ainsi, une contradiction entre un engagement international et la

31. Les traités de paix, de commerce, les traités ou accords relatifs aux organisations internationales, ceux qui engagent es finances de l'Etat, ceux qui sont relatifs à l'état des personnes.

Constitution du Mali n'entraine pas une révision constitutionnelle, comme c'est le cas dans certains pays.

Les Constitutions de certains Etats, notamment la France[32] et le Sénégal[33], disposent, avec quelques variations rédactionnelles, que lorsqu'un engagement international comporte une clause contraire à la Constitution, l'autorisation de ratifier ou d'approuver l'engagement international en cause ne peut intervenir **qu'après la révision de la Constitution**.

La possibilité de réviser la Constitution en vue de la ratification d'un traité peut être perçue comme l'affirmation de la supériorité du droit international sur le droit interne.

A l'inverse, cette possibilité peut signifier que la Constitution prime sur la norme internationale dans la mesure où celle-ci est privée de son effectivité, si la révision constitutionnelle n'intervient pas.

Au demeurant, la révision constitutionnelle est laissée à l'appréciation des autorités étatiques qui peuvent souverainement décider de ne pas l'enclencher.

La Constitution du Mali n'accorde pas expressément une primauté au droit international, tout au moins sur elle-même. Autrement dit, les traités internationaux sont placés dans une position infra constitutionnelle.

En effet, l'Article 183 de la Constitution du Mali du 22 juillet 2023 affirme le caractère supra législatif des traités internationaux, en ces termes : « les traités ou accords régulièrement ratifiés ou approuvés ont, dès leur

32. Article 54 de la Constitution de la République française du 04octobre 1958.
33. Article 97 de la Constitution de la République du Sénégal du 22 janvier 2001.

publication, une autorité supérieure à celle des lois, sous réserve pour chaque traité ou accord de son application par l'autre partie ».

En plus d'affirmer la primauté des traités sur les lois, les dispositions susvisées consacrent implicitement l'option moniste du Mali.

Le monisme est une théorie qui prône l'unité entre l'ordre juridique national et l'ordre juridique international.

Dans un système moniste, les normes internationales sont intégrées dans le droit interne dès lors que les procédures de ratification ou d'adoption sont respectées.

La théorie dualiste, quant à elle, postule que le droit interne et le droit international sont séparés et constituent deux ensembles juridiques autonomes.

Subséquemment, les normes internationales ne s'appliquent qu'après avoir fait l'objet d'un acte de réception, de reprise ou de transformation.

Le Mali ayant fait le choix du monisme, les normes internationales deviennent, en principe, automatiquement valables, sans qu'il soit nécessaire de les reprendre ou de les transformer.

Cependant, les normes internationales sont systématiquement reprises par des lois nationales, laissant ainsi croire que le Mali a opté pour le système dualiste.

Par ailleurs, notons que certaines normes sont applicables directement abstraction faite des systèmes moniste et dualiste.

1. Les normes auto-exécutoires :

Une norme est d'applicabilité directe lorsqu'elle engendre des droits à l'égard des personnes physiques ou morales, lesquelles peuvent s'en prévaloir devant l'Administration ou les juridictions.

L'applicabilité directe d'une norme est soumise aux conditions ci-dessous :

- l'intention des parties :

Si les parties contractantes en conviennent, les clauses d'un traité s'incorporent et s'appliquent directement dans leurs législations respectives.

Rappelons que la volonté des Etats, entités souveraines, est déterminante en matière de traités. Bien entendu, cette volonté doit être conforme tant à la légalité internationale qu'à leurs législations nationales.

- la précision des normes :

Pour être auto-exécutoires, les normes internationales doivent être suffisamment précises.

Par voie de conséquence, l'applicabilité directe est déniée aux normes imprécises ou celles qui renvoient à une appréciation préalable des parties contractantes.

2. L'application *ratione personae* d'un traité international :

Il convient de noter qu'un traité s'applique principalement aux parties contractantes.

En principe, un traité ne produit pas d'effets juridiques à l'égard des tierces parties. Il peut néanmoins prévoir en faveur ou à la charge d'un ou des Etats-tiers des droits ou des obligations.[34]

---

34. Articles 34, 35 et 36 de la Convention op.cit

Il faut s'empresser d'ajouter que les Etats-tiers doivent exprimer leur consentement à jouir de tels droits ou à s'acquitter de telles obligations. Il s'agit là d'une condition *sine qua non* à l'effectivité de ces droits ou obligations.

3. L'application *ratione temporis* d'un traité international :

Le principe traditionnel de la non rétroactivité s'applique aux traités internationaux, conformément à l'Article 28 de la Convention de Vienne sur le droit des traités de 1969.

Au sens de l'article susvisé, les obligations des parties signataires ne peuvent s'étendre aux actes ou faits antérieurs à la date d'entrée en vigueur du traité, à moins que les parties n'en conviennent autrement.

En d'autres termes, si un Etat doit agir conformément à un traité qu'il a conclu, celui-ci ne peut lui imposer des obligations en lien avec des faits commis ou des actes accomplis avant son entrée en vigueur. En un mot, un traité ne stipule que pour l'avenir !

4. L'application de traités successifs portant sur la même matière :

En règle générale, un traité postérieur l'emporte sur un traité antérieur traitant de la même matière.[35] Autrement dit, les nouveaux traités ont vocation à remplacer les anciens traités.

Toutefois, « lorsqu'un traité précise qu'il est subordonné à un traité antérieur ou postérieur ou qu'il ne doit pas être considéré comme incompatible avec cet autre traité, les dispositions de celui-ci l'emportent », selon les termes du paragraphe 2 de l'Article 30 de la Convention susmentionnée.

35. Article 30 (par. 3) et Article 59 (par. 1) de la Convention op.cit

5. L'application territoriale d'un traité international

Conformément à l'Article 29 de la Convention ci-dessus citée, « un traité lie chacune des parties à l'égard de l'ensemble de son territoire».

En termes clairs, un traité conclu par un Etat doit s'appliquer à tout son espace géographique et dans les limites de ses frontières internationales.

Un traité s'applique indistinctement aux territoires des Etats-contractants, qu'ils soient des Etats unitaires ou des Fédérations.

Section 3 : Les conditions de validité d'un traité international :

Sous peine de nullité, les traités doivent satisfaire à un certain nombre de conditions, lesquelles vont de la régularité du consentement des parties contractantes à la licéité de l'objet du traité.

1. Les vices du consentement :

La Convention de Vienne sur le droit des traités de 1969 énumère les vices du consentement ci-dessous :

- l'erreur :

Selon l'Article 48 de la Convention susvisée, une erreur peut vicier le consentement d'un Etat à être lié si celle-ci porte sur un fait ou une situation dont l'existence constituait, au moment de la conclusion, l'élément fondateur de son engagement ou de son acceptation des termes du traité.

En revanche, l'erreur ne peut être invoquée si elle est imputable au comportement de l'Etat ou lorsque celui-ci était averti de son éventualité.

- le dol :

L'article 49 de la Convention ci-dessus mentionnée stipule : « Si un Etat a été amené à conclure un traité par la conduite frauduleuse d'un autre Etat ayant participé à la négociation, il peut invoquer le dol comme viciant son consentement à être lié par le traité ».

En clair, le consentement est nul lorsqu'il a été obtenu par des agissements trompeurs.

- la corruption du représentant de l'Etat :

Le consentement est nul d'effet lorsqu'il est exprimé par un plénipotentiaire corrompu par l'action directe ou indirecte d'un autre Etat ayant participé à la négociation.[36]

- la contrainte exercée sur le représentant de l'Etat :

Aux termes de l'Article 51 de la Convention précitée, « l'expression du consentement d'un Etat à être lié par un traité qui a été obtenue par la contrainte exercée sur son représentant au moyen d'actes ou de menaces dirigés contre lui est dépourvue de tout effet juridique ».

- la contrainte exercée sur un Etat par la menace ou l'emploi de la force :

Il ressort des stipulations de l'Article 52 de la Convention susmentionnée qu'un accord conclu sous la menace ou de l'emploi de la force est sans effet.

Ce vice de consentement fait écho à l'interdiction du recours à la force consacrée par l'Article 2 (alinéa 4) de la Charte des Nations Unies.[37]

---

36. Article 50 de la Convention op.cit
37. Traité fondateur de l'Organisation des Nations Unies.

Outre la régularité du consentement, la licéité de l'objet d'un traité est une condition de sa validité.

2. La licéité de l'objet du traité international :

L'objet d'un traité ne doit pas être contraire au *jus cogens*, c'est-à-dire une norme impérative du droit international.

Au sens de l'Article 53 de la Convention ci-dessus citée, « une norme impérative du droit international général est une norme acceptée et reconnue par la communauté internationale des Etats dans son ensemble en tant que norme à laquelle aucune dérogation n'est permise et qui ne peut être modifiée que par une nouvelle norme du droit international général ayant le même caractère ».

La Convention de Vienne sur le droit des traités de 1969 est muette sur le contenu des normes du *jus cogens*.

Toutefois, les principes du Droit international humanitaire, le respect des droits fondamentaux et l'interdiction du recours à la force sont considérés aujourd'hui comme des normes du *jus cogens*.

Une fois que les conditions de validité et d'entrée en vigueur sont réunies, un traité produit ses effets à l'égard des parties contractantes qui sont tenues de l'appliquer.

Section 4 : La publication d'un traité international :

Précisons d'emblée que la publication d'un traité n'a aucun effet sur sa validité en droit international.

Cependant, la publication est indispensable à l'application d'un traité dans l'ordre juridique interne des Etats-contractants.

En effet, la publication d'un traité a pour objet de rendre public son contenu afin que les obligations et droits qui en découlent ne soient ignorés de personne.

Cette formalité n'est pas sans intérêt dans la mesure où de nombreux accords créent des droits pour les citoyens et peuvent affecter des intérêts privés.

En conséquence, un accord censé avoir un effet direct ne peut être opposable aux personnes sans préalablement faire l'objet de publication.

Il est utile de souligner que la publication des traités internationaux se fait tant au plan national qu'international.

1. La publication nationale d'un traité international :

L'Article 183 de la Constitution du Mali du 22 juillet 2023 dispose : « les traités ou accords régulièrement ratifiés ou approuvés ont, **dès leur publication** […] ».

L'article précité évoque subrepticement la publication des traités. Toutefois, aucune disposition légale ou règlementaire ne précise les modalités de publication des traités, laissant ainsi un vide juridique qu'il importe de combler.

Nous nous attarderons plus loin sur cette problématique.

2. L'enregistrement international d'un traité :

Le Secrétariat général de l'Organisation des Nations unies procède à la publication au Recueil des traités, de tout traité conclu par un Etat-membre et enregistré auprès de lui.

L'Article 102 de la Charte des Nations Unies stipule : « tout traité ou accord international conclu par un Membre des Nations Unies après l'entrée en vigueur de la présente Charte sera, le plus tôt possible, enregistré au Secrétariat et publié par lui ».

Par conséquent, un traité non enregistré auprès du Secrétariat général ne peut être invoqué devant un organe de l'Organisation des Nations unies, tel qu'il en ressort de l'alinéa 2 de l'article susmentionné.

3. L'archivage interne des traités internationaux :

Selon l'Article 17 du Décret N°10-718/PR-M du 31 décembre 2010 relatif à la conclusion des traités : « le Ministère en charge des Affaires étrangères assure la conservation des originaux des traités bilatéraux et ceux des traités multilatéraux lorsque le Mali en est dépositaire ».

Il en résulte que les départements ministériels et les autres structures étatiques doivent transmettre l'exemplaire original de tout traité qu'ils auront à conclure, au Ministère en charge des Affaires étrangères aux fins d'archivage et de conservation.

A cet effet, la Direction des Affaires juridiques du Ministère en charge des Affaires étrangères dispose d'un Département dédié à l'archivage et à la numérisation des traités conclus par le Mali.

CHAPITRE IV

L'INTERPRETATION, L'AMENDEMENT, LA DENONCIATION, L'EXTINCTION ET LA SUSPENSION D'UN TRAITE INTERNATIONAL

La mise en œuvre d'un traité international nécessite de l'interpréter à l'effet de faire ressortir le sens de ses stipulations (Section 1).

Le droit des traités permet non seulement aux Etats de modifier un traité afin de l'adapter aux éventuelles mutations (Section 2), mais aussi de le dénoncer (Section 3). Nous verrons successivement qu'un traité peut s'éteindre conformément à ses clauses et que les parties contractantes ont la possibilité de suspendre son application (Section 4).

Section 1 : L'interprétation d'un traité international :

Il importe de noter que l'interprétation d'un traité incombe principalement au juge international lorsqu'il est saisi d'un litige.

Toutefois, le juge national peut être amené à interpréter des traités en vue de leur application.

L'interprétation d'un traité a pour objet de déterminer la signification exacte de ses clauses.

La Convention de Vienne sur le droit des traités de 1969, en ses Articles 31 et suivants, énumère des règles d'interprétation des traités internationaux.

« Un traité doit être interprété de bonne foi suivant le sens ordinaire à attribuer aux termes du traité dans leur contexte et à la lumière de son objet et de son but », tel qu'il est stipulé à l'Article 31 (paragraphe 1) de la Convention précitée.

Ainsi, l'interprétation doit-elle se faire en tenant compte, en premier lieu, du sens naturel et ordinaire des termes du traité.

L'interprète ne doit pas s'écarter du sens usuel des termes du traité, dès lors que ceux-ci, pris dans leur contexte général, ont une signification claire et précise.

Dans le cas contraire, l'interprète peut recourir à d'autres méthodes d'interprétation, notamment aux travaux préparatoires et aux circonstances dans lesquelles le traité a été conclu.[38]

Il est utile d'ajouter que le recours à des moyens complémentaires ne doit être envisagé que dans le but de confirmer le sens naturel et ordinaire des termes du traité ou lorsque l'interprétation fondée sur ces termes conduit à un résultat manifestement « absurde et déraisonnable »[39] ou différent de l'intention des parties contractantes.

Section 2 : L'amendement d'un traité international :

En principe, tout traité peut être amendé par les parties contractantes.

En vertu du parallélisme des formes, l'amendement d'un traité bilatéral doit se faire selon la procédure suivie lors de la conclusion, sauf si le traité en dispose autrement.

En pratique, l'amendement d'un traité bilatéral prend la forme d'un échange de lettres ou de notes.

Quant à l'amendement d'un traité multilatéral, il s'avère plus complexe. Toute proposition d'amendement doit, sauf

---

38. *Article 32 de la Convention op.cit*
39. *Ibidem*

disposition contraire du traité, être communiquée à tous les Etats-contractants, lesquels sont en droit de se prononcer et de devenir parties au traité amendé.[40]

Il importe de préciser que l'accord amendé ne lie que les Etats qui se prononcent favorablement. Comme précédemment mentionné, aucune obligation n'est opposable à un Etat sans son consentement, lequel doit être libre de toute contrainte.

Par ailleurs, lorsqu'un Etat consent à être lié par le traité après l'entrée en vigueur de l'accord portant amendement, cet Etat devient partie au traité amendé.

En revanche, cet Etat est considéré comme partie au traité initial (non amendé) au regard de toute partie au traité qui n'est pas liée par l'accord portant amendement.[41]

A titre d'exemple, si un Etat A décide d'être lié par un traité qui a fait l'objet d'amendement, il devient partie au traité amendé lorsque celui-ci est entré en vigueur.

Si un Etat B n'a pas adhéré à l'accord portant amendement du traité, alors l'Etat A et l'Etat B seront liés par le traité non amendé.

Section 3 : La dénonciation d'un traité international :

De prime abord, il nous semble nécessaire de procéder à la clarification lexicale suivante :

Le terme dénonciation est réservé aux traités bilatéraux. Pour les traités multilatéraux, on utilise le terme retrait.

En revanche, ces deux expressions désignent le même procédé juridique permettant à une partie contractante de

40. Article 40 de la Convention op.cit
41. Ibidem

se délier de ses obligations conventionnelles et de renoncer aux droits y afférents.

La dénonciation ou le retrait se fait par le biais d'une notification écrite (note verbale) au partenaire bilatéral ou au dépositaire lorsqu'il s'agit d'un accord multilatéral. Le dépositaire se charge ainsi de la notification aux Etats-parties.

Il est à souligner que le retrait d'une partie ne peut avoir pour conséquence l'invalidation d'un traité multilatéral, sauf disposition contraire.

En clair, un traité multilatéral demeure valide même si le nombre d'Etats-parties devient inférieur au nombre de ratifications requises pour son entrée en vigueur.[42]

En outre, les traités bilatéraux sont généralement assortis d'un délai de dénonciation, au terme duquel la dénonciation devient effective.

Pour des raisons de sécurité juridique, il est d'usage de préciser dans les traités bilatéraux que la dénonciation n'affecte pas les activités, projets ou programmes en cours d'exécution.

Il est judicieux de prévoir une clause de dénonciation dans tous les traités dénonciables par nature.

Hormis les traités de paix et de délimitation de frontières, tous les traités peuvent être dénoncés.

Lorsqu'un traité ne prévoit pas la dénonciation ou le retrait, on ne peut le dénoncer ou s'en retirer sauf s'il est établi que les parties contractantes avaient l'intention d'admettre cette possibilité ou que ce droit peut être déduit de la nature du traité.

---

42. Article 55 de la Convention op.cit

A défaut d'une clause de dénonciation, l'Article 40 de la Convention de Vienne sur le droit des traités de 1969 s'applique. Ledit article stipule qu'« une partie doit notifier au moins douze (12) mois à l'avance son intention de dénoncer un traité ».

La dénonciation d'un tel traité devient effective à l'expiration du délai fixé par l'article susvisé.

Il en va autrement lorsqu'un traité prévoit la dénonciation et fixe un délai pour son effectivité. Ce délai prévaut en vertu du principe *specialia generalibus derogant* (les règles spéciales dérogent aux règles générales).

Section 4 : La suspension et l'extinction d'un traité international :

1. La suspension d'un traité international :

La suspension d'un traité ne porte pas atteinte à la validité de celui-ci. Elle a pour objet de suspendre temporairement l'application d'un traité. C'est en cela qu'elle se distingue de l'extinction.

Un traité, qu'il soit bilatéral ou multilatéral, peut être suspendu en vertu de ses dispositions ou par consentement des parties, ainsi qu'il ressort des Articles 57 et 58 de la Convention de Vienne sur le droit des traités de 1969.

Un traité peut également être suspendu par une partie lorsque son cocontractant se rend coupable d'une violation susceptible de compromettre la réalisation de son objet.

De même, un traité peut être suspendu en raison des cas de forces majeures, c'est-à-dire une impossibilité temporaire de l'exécuter, découlant de la disparition d'un objet nécessaire à cette exécution.

Lorsque cette impossibilité est définitive ou permanente, elle peut être invoquée pour mettre fin au traité ou s'en retirer.[43]

Il convient de souligner la distinction entre la suspension et l'extinction.

2. L'extinction d'un traité international :

L'extinction d'un traité est la fin de son existence en tant que source d'obligations et de droits et ce, conformément à ses clauses.

Elle peut résulter d'un consentement unanime des parties contractantes ou par l'exécution même du traité.[44]

Un traité s'éteint *de facto* lorsque les parties concluent ultérieurement un traité destiné à régir la même matière, et si les clauses des deux traités sont incompatibles.

Cependant, la conclusion du nouvel accord peut avoir pour conséquence la suspension du traité antérieur, si les parties en conviennent ainsi.[45]

Par ailleurs, lorsqu'une partie viole substantiellement les clauses d'un traité, l'autre partie peut invoquer cette violation pour le dénoncer ou suspendre son application.[46]

---

43. Article 61 de la Convention op.cit
44. Article 54 de la Convention op.cit
45. Article 59 de la Convention op.cit
46. Article 60 de la Convention op.cit

CHAPITRE V

LE SUIVI DE LA MISE EN ŒUVRE DES ENGAGEMENTS INTERNATIONAUX DU MALI

Le respect des engagements internationaux n'est pas sans intérêt pour un Etat (Section 1). La responsabilité de veiller au respect ainsi qu'à la mise en œuvre des accords internationaux incombe aux pouvoirs publics, principalement au Chef de l'Etat (Section 2).

Le Mali déploie des efforts en vue d'assurer le suivi de la mise en œuvre de ses engagements internationaux. Toutefois, il existe des pistes susceptibles de renforcer le dispositif existant (Section 3).

Section 1 : De l'importance du respect des engagements internationaux

Le respect des engagements internationaux est une nécessité absolue pour tout Etat soucieux de sa crédibilité sur la scène internationale.

En effet, un Etat qui renie ses engagements ou les tient en piètre considération s'expose à la censure des autres Etats.

Inversement, un Etat respectueux de la légalité internationale et de ses engagements internationaux s'attire la sympathie et le respect des autres Etats et, par ricochet, favorise le raffermissement de ses liens d'amitié et de coopération avec ses partenaires.

Section 2 : Des autorités et structures compétentes

Le respect des traités et accords internationaux incombe principalement au Président de la République qui en est le garant, conformément à l'Article 43 de la Constitution du 22 juillet 2023.

Le Ministère en charge des Affaires étrangères soutient le Chef de l'Etat dans le cadre du suivi des engagements internationaux du Mali.

Conformément à ses attributions, la Direction des Affaires juridiques du Ministère en charge des Affaires étrangères assure le suivi de la mise en œuvre des traités internationaux conclus par le Mali.

Dans le cadre du suivi de la mise en œuvre des accords multilatéraux ratifiés par le Mali, un Comité interministériel d'appui à l'élaboration des rapports initiaux et périodiques de mise en œuvre des Conventions internationales ratifiées par le Mali a été institué, par Décret N° 09-049/PM-RM du 12 février 2009, auprès du ministre chargé des Affaires étrangères.

Aux termes de l'Article 2 du Décret susvisé, ledit Comité interministériel est chargé de :

- procéder à la collecte et au traitement de toute information permettant de déterminer l'état de mise en œuvre au niveau national des Conventions internationales ratifiées par le Mali ;

- examiner périodiquement les projets de rapports préparés par le Ministère chargé par des Affaires étrangères ;

- formuler des propositions et recommandations en vue de la finalisation des rapports ;

- suivre la mise en œuvre des recommandations formulées suite aux rapports présentés par le Mali.

Quant aux traités bilatéraux, il d'usage de prévoir des comités mixtes chargés de suivre leur mise en œuvre.

Cependant, les Etats ne s'empressent pas d'opérationnaliser lesdits comités, toute chose qui compromet l'application de bon nombre d'accords bilatéraux.

Section 3 : Des pistes d'amélioration

L'efficacité du Comité interministériel susmentionné est fonction de la tenue régulière de ses sessions et de l'exécution des tâches assignées aux différents Départements ministériels. Il conviendrait de tenir au moins deux sessions dudit Comité interministériel chaque année, en vue d'une meilleure coordination dans l'élaboration des différents rapports.

Par ailleurs, il serait judicieux de confier aux conseillers techniques chargés de la coopération, au sein des différents ministères, la collecte d'informations relatives à la mise en œuvre des Conventions internationales ratifiées par le Mali.

De même, il s'avère indispensable de créer au sein de la Direction des Affaires juridiques du Ministère en charge des Affaires étrangères, un département dédié exclusivement au suivi de la mise en œuvre des Conventions internationales auxquelles le Mali est partie.

S'agissant des traités bilatéraux, il est nécessaire de fixer un délai pour la mise en place des comités mixtes de suivi. Chaque partie contractante sera tenue de designer, dans les délais fixés par l'accord, ses points focaux et d'en communiquer les noms et coordonnées à l'autre partie.

A cet égard, les directions géographiques du Ministère en charge des Affaires étrangères, qui s'occupent des aspects politiques et de coopération bilatérale, doivent veiller, en rapport avec les départements sectoriels, à la mise en place desdits comités.

CHAPITRE VI

CONSIDERATIONS CRITIQUES ET ECUEILS A EVITER

Nous poserons un regard critique sur la gestion des traités internationaux au Mali (Section 1). A l'évidence, il s'agit d'une critique constructive comme en témoigne les propositions d'amélioration qui suivent les constats.

Nous terminerons par les écueils qu'il faut impérativement éviter dans le cadre de la conclusion des accords internationaux (Section 2).

Section 1 : Considérations critiques

1. De la nécessité de publier le contenu de certains traités internationaux

La publication des accords internationaux, tout comme celle des lois et des décrets, est une condition juridique essentielle de leur efficacité dans l'ordre juridique interne.

Autrement dit, les traités doivent être publiés sous peine d'inopposabilité et d'inapplicabilité. L'intérêt de la publication réside en ce qu'elle permet aux citoyens de connaitre les droits dont ils sont censés jouir en vertu des Conventions internationales. De même, elle permet aux acteurs de la justice d'être instruits de la teneur des instruments juridiques internationaux ratifiés par le Mali.

En somme, la publication des traités permet non seulement aux citoyens de se prévaloir des droits qu'ils créent devant les juridictions nationales, mais aussi aux juges d'en tenir compte dans les décisions judiciaires. Cependant, certains traités doivent être tenus secrets, notamment ceux relatifs à la défense nationale.

Au Mali, le Secrétariat général du Gouvernement publie, au Journal officiel, les lois et décrets relatifs à la ratification des traités internationaux. De toute évidence, la simple publication des lois et décrets de ratification est insuffisante dans la mesure où le contenu des traités reste méconnu du public.

A la décharge du Secrétariat général du Gouvernement, on pourrait affirmer que la publication des traités internationaux devrait être assurée par le Ministère en charge des Affaires étrangères, compte tenu de ses attributions en la matière.

Pour ce faire, les ressources nécessaires devront être mises à la disposition dudit Ministère. A cet effet, on pourrait créer une base de données des traités internationaux conclus par le Mali, accessible aux citoyens et aux autres administrations publiques.

2. De la nécessité d'instaurer la pratique de l'élaboration des mandats de négociation

Un mandat de négociation précise pour les négociateurs les sujets à aborder, les objectifs à atteindre et les marges de manœuvre dont ils disposent.

Le mandat de négociation est à distinguer des pleins pouvoirs. Pour les accords revêtant une importance particulière pour le pays, l'élaboration d'un mandat de négociation est d'un intérêt capital.

Il serait donc utile de mettre en place un comité interministériel de coordination des négociations internationales. Ce comité qui devra être rattaché au Ministère en charge des Affaires étrangères, conformément à ses attributions, permettra à celui-ci d'harmoniser les positions des différents départements ministériels et de mieux coordonner la participation du Mali aux négociations multilatérales.

3. Du déficit d'articulation entre le Ministère en charge des Affaires étrangères et les autres structures publiques en matière de conservation des traités internationaux

L'original de tout accord signé au nom du Mali doit être systématiquement transmis au Ministère en charge des Affaires étrangères qui en assure la conservation. Les manquements récurrents à l'exigence procédurale susmentionnée rendent quasi impossible la détermination du nombre total d'accords signés par le Mali.

4. De l'absence d'articulation entre le Ministère en charge des Affaires étrangères et les juridictions nationales en matière d'interprétation des traités internationaux

L'application des Conventions internationales implique une interprétation de leurs clauses. La responsabilité internationale de l'Etat risque de se trouver engagée en raison de l'inobservation des traités par les juridictions nationales ou lorsque l'application s'éloigne de la volonté des parties contractantes.
A cet égard, il devrait exister un cadre de concertation entre le Ministère en charge des Affaires étrangères qui négocie les traités internationaux et les autorités judiciaires chargées de leur application, aux fins de lever les éventuelles équivoques et de parvenir à une unité de vues sur les termes des Conventions internationales.

Section 2 : Écueils à éviter

1. Lorsqu'un accord est conclu dans une seule langue, il n'est pas nécessaire de mentionner la formule suivante : « les deux textes faisant également foi ».

Cette formule sied lorsque l'accord est rédigé en deux langues.

2. La formule « En cas de divergence d'interprétation, le texte en anglais prévaudra » ne s'impose pas nécessairement.

Cette formule est utilisée pour déterminer la langue d'interprétation du traité. Les pays anglophones ont tendance à l'imposer systématiquement.

En effet, il est abusif d'affirmer que les langues de rédaction d'un traité font également foi et accepter la primauté d'une d'elles en cas de divergence d'interprétation.

Toutefois, lorsque la République du Mali et le Royaume d'Arabie Saoudite négocie un Accord qui doit normalement être rédigé en français et en arabe, les parties peuvent convenir d'utiliser l'anglais comme langue d'interprétation. La formule ci-dessus mentionnée aurait tout son sens.

3. Toutes les pages d'un Accord doivent être paraphées, à l'exception de la page de signature.

4. Lorsqu'un Accord est rédigé dans une seule langue, les alternats des parties ne doivent pas être élaborés doublement. Chaque Partie conserve l'original de son alternat.

5. Lorsqu'un accord est rédigé en plusieurs langues, les alternats doivent être élaborés dans chacune des langues. Chaque Partie conserve les originaux de ses différents alternats.

CONCLUSION

Nous espérons que ce modeste ouvrage contribuera à la vulgarisation du droit des traités internationaux dans les milieux universitaires et professionnels.

Nous nous promettons de l'enrichir et de l'adapter aux éventuelles évolutions juridiques.

Pour clore, nous reprenons à notre compte la célèbre citation de Boutros Boutros GHALI : « le droit international est, pour les Etats, non seulement, un ensemble normatif, mais aussi un langage commun ».

Apprenons ce langage !

ANNEXES

1. Modèles de questionnaires du Parlement

MINISTÈRE DES AFFAIRES ETRANGÈRES DE LA COOPERATION INTERNATIONALE

RÉPUBLIQUE DU MALI
Un Peuple - Un But - Une Foi

DIRECTION DES AFFAIRES JURIDIQUES

Eléments de réponses au questionnaire du Parlement adressé à Monsieur le Ministre des Affaires étrangères et de la Coopération internationale

Objet : Ecoute sur le projet de Loi n° 2030-36/AN autorisant la ratification de la Convention d'extradition, signée à Bamako le 16 juin 2030, entre le Gouvernement de la République du Mali et le Gouvernement de la République du Peaceland.

Question n° 1

Quelles sont les motivations qui ont amené le Gouvernement à signer cette Convention d'extradition?

Réponse :

Tenant compte de l'obsolescence de l'Accord de coopération en matière de justice, signé à Magic-City le 12 mars 1995, le Mali et le Peaceland ont jugé utile de mettre en place un nouvel instrument afin de mieux faire face aux défis liés à la lutte contre la criminalité et renforcer leur coopération en matière d'extradition.

Question n° 2

Pouvez-vous nous parler des Conventions d'extradition signées par le Gouvernement du Mali ?

Réponse :
De prime abord, l'extradition est la procédure officielle par laquelle un État demande le retour forcé d'une personne accusée ou reconnue coupable d'un crime ou d'un délit pour qu'elle soit jugée ou purge une peine dans l'État requérant. Elle est généralement fondée sur un accord préalable entre deux États, mais pas nécessairement. Lorsqu'il n'existe pas d'accord, l'extradition se réalise notamment sur la base de la réciprocité de la procédure d'extradition dans le droit du pays émetteur de la requête.

Le Mali a conclu des Accords généraux de coopération judicaire, incluant l'extradition, avec le Royaume du Sanoudougou, la Fédération du Wakanda, la Republique du Gondwana etc.
Par ailleurs, le Mali a signé une Convention spécifique d'extradition avec le Waterland.

Question n° 3

Est-ce que la Convention d'extradition, dans son champ d'application, couvre les infractions en matière de taxes et impôts, de douane et de change ?

Réponse :

Conformément aux dispositions de l'Article 2 (alinéa 4) de la Convention, les infractions en matière de taxes et impôts, de douane et de change donnent lieu à extradition.

Question n° 4

Quelles sont les garanties d'une application stricte des dispositions de l'Article 4 de la Convention, relatives aux motifs facultatifs de refus d'extradition ?

Réponse :
Les principes de bonne foi et du ***pacta sunt servanda*** (le traité lie les Parties) doivent sous-tendre la conduite des Etats dans le cadre de leurs engagements conventionnels.

En effet, les Etats sont tenus d'exécuter de bonne foi les Conventions auxquelles ils souscrivent. Par ailleurs, le principe de la réciprocité encadre l'exécution des Conventions internationales, lequel permet à une Partie d'appliquer la Convention sous réserve de son application par l'autre Partie.
Les principes sus évoqués constituent des garanties à l'application des dispositions de l'Article 4 de ladite Convention.

Question n° 5

Qu'est-ce que la Convention prévoit lorsque la même personne fait l'objet de poursuites par les deux pays pour le ou les faits en raison desquels l'extradition est demandée?

Réponse :
Aux termes de l'Article 4 (alinéa 2) de la Convention, « lorsque la personne réclamée fait l'objet, dans la Partie requise, de poursuites pour l'infraction en raison de laquelle l'extradition est demandée… », l'extradition peut

être refusée. Il s'agit là d'un motif facultatif de refus d'extradition.

Question n° 6

Est-ce que l'extradition est accordée dans les cas où la prescription de l'action ou de la peine est acquise ?

Réponse :
Au sens de l'Article 3 (alinéa 3), l'extradition n'est pas accordée « lorsque l'action publique ou la peine sont prescrites conformément à la législation de la Partie requise ».

Question n° 7

Quelles sont les insuffisances constatées dans la mise en œuvre de l'Accord de coopération en matière de justice, signé à Magic-City le 12 mars 1995, entre la République du Mali et la République du Peaceland ?

Réponse :
L'Accord de coopération en matière de justice de 1995 n'était plus adapté aux nouvelles menaces que constituent le terrorisme et la criminalité transfrontalière organisée.

Question n° 8

Avez-vous des recommandations à adresser à la Commission?

Réponse :
Compte tenu de l'importance de la présente Convention, je vous invite à bien vouloir plaider en faveur de sa ratification.

Koulouba, le

MINISTÈRE DES AFFAIRES ETRANGÈRES DE LA COOPERATION INTERNATIONALE

RÉPUBLIQUE DU MALI
Un Peuple - Un But - Une Foi

DIRECTION DES AFFAIRES JURIDIQUES

Eléments de réponse au questionnaire du Parlement adressé à Monsieur le Ministre des Affaires étrangères et de la Coopération internationale

Objet : Ecoute sur le projet de Loi n° 34-79/AN autorisant la ratification de l'Accord de financement, signé à New-Flower le 06 janvier 2020, entre le Gouvernement de la République du Mali et la Banque Panafricaine de Développement (BPD), relatif au financement du Projet STOP COVID-19.

Question n° 1

Les conditions de conclusion de ce prêt sont-elles favorables pour le Mali ?

Réponse :
L'Accord de financement dont il est question permettra au Mali de renforcer ses capacités en vue de prévenir et d'apporter une riposte à la COVID-19.

Ce prêt est favorable pour le Mali en raison de sa nature concessionnelle. En effet, un prêt est dit concessionnel lorsqu'il est octroyé à un taux inférieur à celui du marché.

Aussi, la commission d'engagement, qui s'élevait initialement à 0,50%, a été fixée à 0% pour l'année 2020.

Outre les conditions favorables susmentionnées, le prêt est assorti d'un don de 20 610 183 947 FCFA environ.

De plus, la durée de remboursement du prêt est de trente-deux ans (36) ans y compris un délai de grâce de six (06) ans, toute chose qui constitue un allègement significatif pour notre pays.

Question n° 2

Quelles sont les différentes variantes des financements extérieurs ?

Réponse :
Les différentes variantes des financements extérieurs se déclinent comme suit :
- Prêts : prêts-projets/Appui budgétaire général (ABG) ;
- Dons/subventions ;
- Investissements Directs Etrangers (IDE).

Question n° 3

Les prêts sont-ils traités économiquement et fiscalement comme les dons ou les aides extérieures ?

Réponse :
Contrairement aux dons, les prêts génèrent des intérêts et des commissions. Les prêts octroyés en TTC sont soumis aux prélèvements fiscaux. Par contre, ceux accordés en hors taxes sont exonérés de toutes taxes et impôts par arrêté du Ministre chargé de l'Economie.
Quant aux dons, ils sont sans contrepartie et ne sont pas fiscalement imposables.

En effet, la plupart des Accords de don prévoient des exonérations fiscales et douanières. Il convient de noter que certains prêts sont assortis de dons.

Question n° 4

Avez-vous été impliqués dans le processus d'acquisition du financement ?

Réponse :
La Direction des Affaires juridiques participe à la négociation des Accords de financement, en collaboration avec la Direction générale de la Dette publique.

Question n° 2

Quelles sont vos suggestions et recommandations?

Réponse :
Le Mali, à l'instar d'autres pays du monde, est confronté aux défis liés à la lutte contre la propagation de la maladie à Coronavirus.

Le présent financement favorisera le renforcement du dispositif sanitaire de notre pays.

Je vous invite à soutenir ce dossier en plénière pour permettre la ratification et l'entrée en vigueur de cet Accord.

Koulouba, le

2. Décret relatif à la conclusion des traités

PRIMATURE

REPUBLIQUE DU MALI
Un Peuple - Un But - Une Foi

SECRETARIAT GENERAL
DU GOUVERNEMENT

DECRET N° 10-718/P-RM DU 31 DECEMBRE 2010 RELATIF A LA CONCLUSION DES TRAITES

LE PRESIDENT DE LA REPUBLIQUE,

Vu la Constitution ;
Vu le Règlement N°09/2007/CM/UEMOA du 04 juillet 2007 portant cadre de référence de la politique d'endettement public et de gestion de la dette publique dans les Etats membres de l'UEMOA ;
Vu l'Ordonnance N°98-018/P-RM du 03 avril 1998 autorisant l'adhésion du Mali à la Convention sur le droit des Traités adoptée à Vienne le 23 mai 1969 ;
Vu la Loi N°96-009 du 13 février 1996 portant création de la Direction de la Coopération Internationale ;
Vu l'Ordonnance N°00-047/P-RM du 25 septembre 2000 portant création de la Direction des Affaires Juridiques ;
Vu la Loi N°93-077 du 29 décembre 1993 portant création de la Direction Générale de la Dette Publique ;
Vu la Loi N°96-060 du 4 novembre 1996 relative à la Loi de finances ;
Vu le Décret N°04-097/P-RM du 31 mars 2004 fixant les attributions des membres du personnel diplomatique et consulaire ;
Vu le Décret N°09-522/P-RM du 24 septembre 2009 portant création du Comité National de la Dette Publique ;

Vu le Décret N°07-380/P-RM du 28 septembre 2007 portant nomination du Premier ministre ;
Vu le Décret N°09-157/P-RM du 9 avril 2009 modifié portant nomination des membres du Gouvernement ;

STATUANT EN CONSEIL DES MINISTRES,

DECRETE :

CHAPITRE I : DISPOSITIONS GENERALES

Article 1er : Le présent décret fixe le cadre de la conclusion des traités en République du Mali.

Article 2 : Aux fins du présent décret :

- l'expression « traité », s'entend d'un accord international conclu par écrit entre la République du Mali et un ou des sujets de droit international, qu'il soit consigné dans un instrument unique ou dans deux ou plusieurs instruments connexes, et quelle que soit sa dénomination particulière, notamment : Convention, Accord, Protocole, Mémorandum d'entente, Mémorandum d'Accord, Charte, Déclaration, Pacte, Modus vivendi, Echanges de notes diplomatiques, Echanges de lettres, Procès-verbal, Code de conduite ;

- le traité « en « en forme solennelle » désigne tout traité nécessitant, pour son entrée en vigueur, une ratification après la signature ;

- le traité « en forme simplifiée » désigne tout traité ne nécessitant pas, pour son entrée en vigueur, une ratification après la signature ;

- l'expression « traité bilatéral » désigne tout traité conclu entre la République du Mali et tout autre partie, Etat ou organisation internationale ;

- l'expression « traité multilatéral » désigne tout traité conclu entre plus de deux parties ou dans le cadre d'une organisation internationale ;

- l'expression « pleins pouvoirs » s'entend d'un document émanant du ministre chargé des Affaires étrangères ou du ministre chargé des Finances et désignant une ou plusieurs personnes pour représenter la République du Mali pour la négociation, l'adoption ou la signature du texte d'un traité, pour exprimer le consentement de l'Etat à être lié par un traité ou pour accomplir tout acte à l'égard du traité ;

- l'expression « signature ad referendum » est la signature d'un traité par le représentant d'un Etat et qui ne vaut signature définitive que si elle est confirmée par cet Etat ;

- l'expression « authentification » s'entend de la procédure par laquelle le texte d'un traité est arrêté comme authentique et définitif et dont les dispositions ne peuvent être modifiées que par amendement ;

- l'expression « copie certifiée conforme aux fins de l'enregistrement » s'entend de la copie du traité transmise au Secrétaire général de l'Organisation des Nations unies aux fins de l'enregistrement ;

- l'expression « dépositaire d'un traité » s'entend de l'Etat ou de l'organisation internationale qui assure la garde du texte original du traité et les fonctions y afférentes ;

- l'expression « acte final » désigne la déclaration marquant la fin d'une conférence internationale et dans laquelle sont consignés les décisions prises et le texte d'un traité ;

- l'expression « organisation internationale » s'entend d'une organisation intergouvernementale ;

- l'expression « emprunt public » désigne l'emprunt contracté par l'Etat ou ses démembrements auprès d'autres entités résidentes et/ou non résidentes ;

- l'expression « emprunt extérieur » désigne l'emprunt contracté par les résidents d'une économie auprès de non-résidents ;

- l'expression « garantie publique » désigne la garantie accordée par l'Etat et/ou ses démembrements ;

- l'expression « emprunt garanti » désigne l'emprunt bénéficiant d'un engagement contractuel d'un tiers de répondre de la défaillance du débiteur ;

- l'expression « dette publique » désigne la dette résultant d'emprunts contractés par l'Etat ou ses démembrements auprès d'entités résidentes et/ou non ;

- l'expression « dette extérieure » désigne le montant, à une date donnée, de l'encours des engagements courants effectifs qui comportent l'obligation pour le débiteur de rembourser le principal et/ou verser des intérêts, à un ou plusieurs moments futurs, et qui sont dus à des non-résidents par des résidents d'une économie.

CHAPITRE II : PROCEDURES RELATIVES AUX TRAITES

Article 3 : La procédure de conclusion des traités en République du Mali comprend :

la négociation, la signature, la ratification et, s'il y a lieu, l'enregistrement auprès du Secrétariat général des Nations Unies.

La République du Mali exprime son consentement à être liée par un traité par voie de signature, ratification, acceptation, approbation et adhésion.

Article 4 : La négociation est le processus au terme duquel est élaboré le texte d'un traité. Elle est menée par des personnes habilitées à représenter l'Etat.

La négociation se déroule par voie diplomatique, dans un cadre bilatéral ou dans le cadre d'une conférence spéciale ou d'une organisation internationale.

Article 5 : La décision d'ouvrir une négociation constitue un acte de politique étrangère engageant l'Etat. Cette décision relève principalement du Président de la République, du Premier ministre et du ministre chargé des Affaires étrangères.

Pour ce qui concerne les accords d'emprunt et de garantie publics extérieurs ou autres accords relatifs à la dette extérieure de l'Etat, la décision d'ouvrir une négociation relève du ministre chargé des Finances.

Article 6 : Tout ministre qui constate la nécessité de disposer d'un nouvel accord ou de modifier un accord existant, à l'exception des accords d'emprunt et de garantie publics et ceux relatifs à la dette extérieure de l'Etat, peut en faire la proposition au ministre chargé des Affaires étrangères.

La proposition doit faire ressortir une description du projet de traité et des principales obligations qu'il comportera, des modifications à apporter s'il s'agit d'un accord déjà existant et de l'intérêt que le projet représente pour le Mali.

Le ministre chargé des Affaires étrangères procède, s'il y a lieu, aux consultations nécessaires, avant d'engager la procédure pour les négociations.

Article 7 : En cas de divergences de vues sur l'ouverture d'une négociation, le ministre chargé des Affaires étrangères saisit le Premier ministre aux fins d'arbitrage.

Article 8 : Les représentants aux négociations doivent être munis de pleins pouvoirs délivrés par le ministre chargé des Affaires étrangères. Ce mandat indique la composition de la délégation et éventuellement les positions à soutenir durant les négociations.
En ce qui concerne les accords d'emprunt et de garantie publics et ceux relatifs à la dette extérieure de l'Etat, les pouvoirs sont délivrés par le ministre chargé des Finances. Ce mandat indique la composition de la délégation qui doit comprendre des conseillers juridiques du Gouvernement.
Article 9 : La signature est l'acte par lequel l'Etat exprime son consentement à être lié par un traité dont le texte est, de ce fait, considéré comme authentique et définitif. Les accords autres que ceux visés à l'article 8, alinéa 2 sont signés par le ministre chargé des Affaires étrangères.
Le ministre chargé des Finances signe les accords d'emprunt et de garantie publics et ceux relatifs à la dette extérieure de l'Etat.

Article 10 : A l'exception du Président de la République, du Premier ministre et du ministre chargé des Affaires étrangères, la signature de tout traité au nom de la République du Mali exige la délivrance des pleins pouvoirs par le ministre chargé des Affaires étrangères ou le ministre chargé des Finances.

Le ministre chargé des Affaires étrangères peut, à l'exception des accords d'emprunt et de garantie publics et ceux relatifs à la dette extérieure de l'Etat, autoriser la signature ad referendum du texte d'un traité.

Article 11 : Le Ministère chargé des Affaires étrangères est associé à la préparation et aux travaux de négociation des accords d'emprunt et de garantie publics et de ceux relatifs à la dette extérieure de l'Etat.

__**Article 12**__ : La ratification est la procédure au terme de laquelle l'Etat confirme son consentement à être lié par le texte d'un traité et s'engage à l'appliquer.

__**Article 13**__ : Le ministre chargé des Affaires étrangères met en œuvre la procédure en soumettant à l'approbation du Gouvernement les projets de textes relatifs à la ratification de tout traité relevant de la catégorie des traités en forme solennelle.

__**Article 14**__ : Après l'approbation du Gouvernement, les projets de textes sont soumis à l'Assemblée nationale pour leur adoption.

__**Article 15**__ : Le ministre chargé des Affaires étrangères élabore les instruments de ratification et les soumet à la signature du Président de la République.

Il est procédé à l'échange des instruments lorsque le traité est bilatéral et au dépôt auprès du dépositaire lorsque le traité est multilatéral.

__**Article 16**__ : L'Etat peut exprimer son consentement à être lié par un traité par adhésion lorsque ses représentants n'ont pas pris part aux négociations pour l'adoption du texte du traité ou ne l'ont pas signé.

L'adhésion se fait suivant la même procédure que celle prévue aux articles 13, 14 et 15 du présent décret.

__**Article 17**__ : Le Ministère chargé des Affaires étrangères assure la conservation des originaux des traités bilatéraux et ceux des traités multilatéraux lorsque le Mali en est dépositaire.

L'original de tout traité signé en application des dispositions de l'article 11 du présent décret, doit immédiatement lui être transmis pour conservation.

Article 18 : L'Etat peut exprimer son consentement à être lié par un traité par acceptation ou approbation lorsque le traité le prévoit.

Le Ministère chargé des Affaires étrangères établit à cet effet les instruments constatant l'acceptation ou l'approbation.

Article 19 : Lorsque le Mali est dépositaire d'un traité multilatéral, le Ministère chargé des Affaires étrangères accomplit toutes les formalités liées à cette fonction :

- assurer la garde du texte original du traité et des pleins pouvoirs qui lui seraient remis ;
- établir des copies certifiées conformes du texte original et de tous autres textes du traité en d'autres langues qui peuvent être requis par le traité et les communiquer aux parties au traité et aux Etats ayant qualité pour le devenir ;
- recevoir toutes signatures du traité ;
- recevoir et garder tous instruments, notifications et communications relatifs au traité ;
- examiner si une signature, un instrument, une notification ou une communication se rapportant au traité est en bonne et due forme et, le cas échéant, porter la question à l'attention de l'Etat concerné ;
- informer les parties au traité et les Etats ayant qualité pour le devenir des actes, notifications et communications relatifs au traité ;
- informer les Etats ayant qualité pour devenir parties au traité de la date à laquelle a été reçu ou déposé le nombre de signatures ou d'instruments de ratification, d'acceptation, d'approbation ou d'adhésion requis pour l'entrée en vigueur du traité ;
- assurer l'enregistrement du traité auprès du Secrétariat de l'Organisation des Nations Unies ; - remplir toutes autres

fonctions spécifiées dans les dispositions de la Convention de Vienne sur le droit des traités.

<u>Article 20 :</u> Lorsqu'une divergence apparaît entre un Etat partie et le Mali au sujet de l'accomplissement des formalités visées à l'article 19 du présent décret, le ministre chargé des Affaires étrangères porte la question à l'attention des parties ou, le cas échéant, de l'organe compétent de l'organisation internationale concernée.

<u>Article 21</u> : L'application provisoire peut être prévue par les dispositions finales d'un traité.

<u>Article 22</u> : Le traité en forme simplifiée entre en vigueur à la date de sa signature ou à une date convenue d'accord parties, sous réserve de son application par l'autre partie

<u>Article 23</u> : Dès son entrée en vigueur, le traité crée des droits et obligations pour chacune des parties.

<u>Article 24</u> : Le ministre chargé des Affaires étrangères met en œuvre la procédure de règlement des différends pouvant résulter de l'application ou de l'interprétation d'un traité.

<u>Article 25</u> : La République du Mali peut, à moins que le texte s'y oppose, formuler une réserve au moment de signer ou ratifier un traité, visant à exclure ou modifier l'effet juridique de certaines dispositions du traité à son égard.

<u>Article 26</u> : Toute réserve à formuler sur un traité doit être communiquée au ministre chargé des Affaires étrangères avant la signature et le dépôt de l'instrument de ratification ou d'adhésion audit traité par le Mali.

<u>Article 27</u> : La République du Mali peut présenter, selon la procédure définie par le traité, toute proposition visant à modifier les dispositions dudit traité. La proposition d'amendement doit être communiquée au ministre chargé des Affaires étrangères qui procède, s'il y a lieu, aux consultations nécessaires avant d'engager la procédure pour l'amendement.

En ce qui concerne les accords d'emprunt et de garantie publics et ceux relatifs à la dette extérieure de l'Etat, la proposition d'amendement doit être communiquée au ministre chargé des finances.

Article 28 : Les dispositions d'un traité ne lient pas le Mali en ce qui concerne un acte ou fait antérieur à la date d'entrée en vigueur de ce traité ou une situation qui avait cessé d'exister à cette date.

Article 29 : La rupture de relations diplomatiques et consulaires entre deux Etats parties ne met pas fin à un traité bilatéral régulièrement conclu.

CHAPITRE III : DISPOSITIONS FINALES

Article 30 : Le présent décret sera enregistré et publié au Journal officiel.

Bamako, le 31 décembre 2010
Le Président de la République,
Amadou Toumani TOURE

Le Premier ministre,
Modibo SIDIBE

Le ministre des Affaires étrangères
et de la Coopération internationale,
Moctar OUANE

Le ministre de l'Economie
et des Finances,
Sanoussi TOURE

BIBLIOGRAPHIE

AGNIEL Guy, Droit des relations internationales, Paris, Hachette, Les Fondamentaux, 1997, p. 14.

AGO Roberto, Le droit des traités à la lumière de la Convention de Vienne, (1971) 134 Recueil des cours de l'Académie de droit international de La Haye., pp. 297-332.

BASTID Suzanne, Les traités dans la vie internationale: Conclusion et effets, Paris, Economica, Coll. Droit international, 1985, 303 p.

COMBACAU Jean, Le droit des traités, Paris, PUF, Coll. Que sais-je ?, N°2613, 1991, 125 p.

DUPUY Pierre-Marie, Droit international public, Paris, Dalloz, 2000, p. 243.

PALLIERI Giorgio Balladore, La formation des traités En pratique internationale contemporaine, (1949) I Rec. ADI., pp. 465-545 et 470.

REUTER Paul, Introduction au droit des traités, Paris, Armand Colin, Coll. U, 1972, 236 p.

TABLE DES MATIERES

Structures éditoriales du groupe L'Harmattan

L'Harmattan Italie
Via degli Artisti, 15
10124 Torino
harmattan.italia@gmail.com

L'Harmattan Hongrie
Kossuth l. u. 14-16.
1053 Budapest
harmattan@harmattan.hu

L'Harmattan Sénégal
10 VDN en face Mermoz
BP 45034 Dakar-Fann
senharmattan@gmail.com

L'Harmattan Cameroun
TSINGA/FECAFOOT
BP 11486 Yaoundé
inkoukam@gmail.com

L'Harmattan Burkina Faso
Achille Somé – tengnule@hotmail.fr

L'Harmattan Guinée
Almamya, rue KA 028 OKB Agency
BP 3470 Conakry
harmattanguinee@yahoo.fr

L'Harmattan RDC
185, avenue Nyangwe
Commune de Lingwala – Kinshasa
matangilamusadila@yahoo.fr

L'Harmattan Congo
219, avenue Nelson Mandela
BP 2874 Brazzaville
harmattan.congo@yahoo.fr

L'Harmattan Mali
ACI 2000 - Immeuble Mgr Jean Marie Cisse
Bureau 10
BP 145 Bamako-Mali
mali@harmattan.fr

L'Harmattan Togo
Djidjole – Lomé
Maison Amela
face EPP BATOME
ddamela@aol.com

L'Harmattan Côte d'Ivoire
Résidence Karl – Cité des Arts
Abidjan-Cocody
03 BP 1588 Abidjan
espace_harmattan.ci@hotmail.fr

Nos librairies en France

Librairie internationale
16, rue des Écoles
75005 Paris
librairie.internationale@harmattan.fr
01 40 46 79 11
www.librairieharmattan.com

Librairie des savoirs
21, rue des Écoles
75005 Paris
librairie.sh@harmattan.fr
01 46 34 13 71
www.librairieharmattansh.com

Librairie Le Lucernaire
53, rue Notre-Dame-des-Champs
75006 Paris
librairie@lucernaire.fr
01 42 22 67 13

www.ingramcontent.com/pod-product-compliance
Lightning Source LLC
LaVergne TN
LVHW051405061026
849535LV00009B/3369
* 9 7 8 2 3 3 6 4 3 9 2 3 5 *